可持续发展战略下中小企业财务管理理论与实务探究

宫兴国 ◎著

中国书籍出版社

图书在版编目(CIP)数据

可持续发展战略下中小企业财务管理理论与实务探究 / 宫兴国著. -- 北京：中国书籍出版社，2023.11
ISBN 978-7-5068-9672-6

Ⅰ.①可… Ⅱ.①宫… Ⅲ.①中小企业 – 企业管理 – 财务管理 – 研究 – 中国　Ⅳ.① F279.243

中国国家版本馆 CIP 数据核字（2023）第 229109 号

可持续发展战略下中小企业财务管理理论与实务探究

宫兴国　著

丛书策划	谭　鹏　武　斌
责任编辑	李　新
责任印制	孙马飞　马　芝
封面设计	博健文化
出版发行	中国书籍出版社
地　　址	北京市丰台区三路居路 97 号（邮编：100073）
电　　话	（010）52257143（总编室）　（010）52257140（发行部）
电子邮箱	eo@chinabp.com.cn
经　　销	全国新华书店
印　　厂	三河市德贤弘印务有限公司
开　　本	710 毫米 ×1000 毫米　1/16
字　　数	218 千字
印　　张	11.5
版　　次	2024 年 5 月第 1 版
印　　次	2024 年 5 月第 1 次印刷
书　　号	ISBN 978-7-5068-9672-6
定　　价	82.00 元

版权所有　翻印必究

目 录

第一章 中小企业财务管理概述 …………………………………… 1
    第一节 财务管理的内涵 …………………………………………… 1
    第二节 中小企业财务管理的目标与原则 ………………………… 6
    第三节 中小企业财务管理的内容与方法 ………………………… 12
    第四节 中小企业财务管理的环境 ………………………………… 21

第二章 可持续发展战略与中小企业财务管理 …………………… 31
    第一节 可持续发展与中小企业财务管理目标 …………………… 31
    第二节 可持续发展与中小企业财务管理的重点 ………………… 33

第三章 可持续发展战略下中小企业的预算管理 ………………… 49
    第一节 可持续发展与中小企业预算管理目标 …………………… 49
    第二节 可持续发展战略下中小企业预算的编制 ………………… 56
    第三节 可持续发展战略下中小企业预算的执行与考核 ………… 72

第四章 可持续发展战略下中小企业的筹资管理研究 …………… 79
    第一节 可持续发展与中小企业筹资管理目标 …………………… 79
    第二节 中小企业的资金需求量预测 ……………………………… 85
    第三节 杠杆效应及中小企业资本结构优化 ……………………… 88
    第四节 可持续发展战略下中小企业筹资
            现状分析与应对策略 ……………………………………… 97

第五章 可持续发展战略下中小企业的投资管理研究 …………… 101
    第一节 可持续发展与中小企业投资管理目标 …………………… 101
    第二节 可持续发展战略下中小企业对内投资管理 ……………… 110
    第三节 可持续发展战略下中小企业对外投资管理 ……………… 117

第六章　可持续发展战略下中小企业的营运资金管理研究……… 129
　　第一节　可持续发展与中小企业营运资金管理目标……… 129
　　第二节　可持续发展战略下中小企业的现金管理………… 138
　　第三节　可持续发展战略下中小企业的应收账款管理研究… 146
　　第四节　可持续发展战略下中小企业的存货管理研究……… 154

第七章　可持续发展战略下中小企业的利润分配管理………… 161
　　第一节　可持续发展与中小企业利润分配管理目标……… 161
　　第二节　可持续发展战略下中小企业公积金的积累……… 165
　　第三节　可持续发展战略下中小企业的股利分配………… 169

参考文献……………………………………………………… 176

第一章　中小企业财务管理概述

财务管理工作对于中小企业发展十分重要,从某种程度上而言,不仅影响和制约着企业各项经营活动,甚至决定着企业未来的发展前景与兴衰成败。因此,中小企业如何做好企业的财务管理和会计核算工作,如何对陈旧的财务管理和会计工作模式进行创新,是企业中每一位经营管理者必须着重思考的问题。此外,伴随着当今世界不断涌现的经济全球化浪潮,资本市场与大数据、人工智能技术的飞速发展,着力推动中小企业财会工作的创新性发展、实现中小企业财务管理与会计核算的现代化和科学化已迫在眉睫。对于中小企业财务管理工作创新性发展这一问题的研究,具有十分重要的理论价值和现实意义。为此,本章对中小企业财务管理的相关内涵进行分析和探讨。

第一节　财务管理的内涵

在对中小企业财务管理进行探究之前,需要对财务管理的概念有所了解。企业的根本目标是为公司所有者(即股东)创造价值,这一目标通常被表述为"股东财富最大化",因而,财务管理者的目标就是通过做出能够使普通股价格最大化的正确决策为股东创造价值。这一目标不仅使公司股东直接受益,也会为社会带来福利,因为有限的资源在通过竞争创造财富的过程中得到了最有效率的运用。

一切财务决策最终都会影响企业的股票价格。投资者错误的投资决策表现为企业股票价格的下跌,而正确的投资决策则表现为股票价格上涨。实际上,在这一目标下,好的决策就是能够为股东创造财富的决策。显然,用不断变化的企业股票价格去评估财务决策的好坏存在严重的现实问题,影响股票价格的因素非常多,试图简单通过某一特定财务决策的结果进行判断是不可取的。我们应该重点关注的是:在其他因素保持不变的情况下,我们的决策应该对股价产生什么影响。

一、财务管理的概念

财务管理(financial management)是在一定的整体目标下,关于资产的购置(投资)、资本的融通(筹资)和经营中现金流量(营运),以及利润分配的管理。具体来说,财务管理的主要职责包括资金管理、投资决策、融资决策、成本管理、风险管理、财务会计、财务分析等方面,是企业管理的一个组成部分,它是根据财经法规制度,按照财务管理的原则,组织企业财务活动,处理财务关系的一项经济管理工作。简单地说,财务管理是组织企业财务活动、处理财务关系的一项经济管理工作。

企业财务管理的对象是资金管理,而现金的流转伴随着企业整个活动流程,因此财务管理是围绕资金的流入与流出展开的。在企业生产过程中,企业发生资金的收支活动,流转周而复始,不断循环,形成现金的循环,具有一定的规律性与连续性。

企业财务管理的核心环节是财务规划和财务控制,财务规划是企业利用有限的资源获取更多利润,充分考虑各个因素,建立预算和目标,预估未来经营活动;财务控制是指监督管理财务规划中的经营活动,及时纠正偏差,以实现企业目标。

二、企业财务基础的原理

(一)现金流才是关键

公司的利润水平与其现金流大相径庭,现金流代表可供花费的金钱,因此,是现金流而不是利润决定企业的价值。鉴于此,当我们分析决策结果时,应以现金流而不是利润为主。

（二）货币的时间价值

最基本的财务原理或许就属货币所拥有的"时间"价值了。在财务管理中，我们强调价值的创造与衡量，而价值衡量的工具则是以现金流来衡量一个项目未来的收益，即货币时间价值。其判断依据是：如果未来收益或现金流大于成本，那么投资可接受，否则放弃，没有对货币时间价值的认识，就不可能以一种有意义的方式对项目的未来收益与成本进行评估。

（三）风险需要回报

即使投资新手也知道，投资的选择有无数，但没有一个投资者不期待投资回报，投资者所期望的投资回报要满足三个条件。

（1）对延迟消费的回报。为什么没有人愿意投资一个至少对其延迟消费都不产生任何回报的项目？事实上他们绝对不会投资，即使没有风险，投资者都想获得至少与无风险投资相同的回报，就像投资政府债券。

（2）对所承担风险的回报。投资者通常并不喜好风险，因此有风险的投资往往都是缺乏吸引力的，除非有更高的回报，其含义在于：人们对一项投资的不确定性越大，对这项投资所期望的回报就越大，因此，如果你试图说服别人去投资，那么你就必须承诺更高的回报率，投资回报率应该等于延迟消费回报率加预期风险回报率。

（3）对通货膨胀的补偿。由于通货膨胀的存在，导致投资人手中现金资产的购买力会下降。而投资人更愿意将资金投资于股票、债券等具有保值增值功能的资产中，可以有效地抵御通货膨胀带来的风险。

（四）市场价格一贯正确

为了理解诸如股票和债券等证券在金融市场上是如何估价或定价的，有必要了解有效市场的概念，在一个有效的市场中，任何时刻所交易资产的价格都能够充分反映所有可获得的信息。

证券市场如股票市场和债券市场是企业能够借以融资的场所，因而对于我们学习财务知识至关重要,一个证券市场如纽约证券交易所(NYSE)是否有效取决于新发布的信息影响股价的速度,因为有效市场的重要特征就是拥有一大批利润驱动型的投资者,他们对信息具有极高的敏感度并通过买或卖迅速行动。

(五)利益冲突引发代理问题

　　财务管理帮助管理者做出能够提升公司股票价格的决策,然而实际上,管理者并非总是坚持做出这些决策,而是做出一些降低公司股价的决定,而这通常都发生在管理者利益得到最大限度的考虑且股东利益被忽视的情况下,换言之,管理者利益与股东利益之间存在冲突。例如,对于企业股东而言,关闭一家不赚钱的工厂可以满足其利益,但对于管理者而言,这样做就会导致他们失业或必须寻找一个新的工作,这一明显的利益冲突或许会促使工厂管理层继续维持工厂亏本运营。

　　利益冲突会导致在经济学中所称的代理成本或代理问题,即企业管理者是企业股东(所有者)的代理人,如果代理人不以其利益最大化为行事原则,那么就会产生代理成本,尽管企业的目标是实现股东价值最大化,但实际上,代理问题的存在与这一目标产生冲突。代理问题产生的原因在于企业管理者与企业所有人的分离。例如,一个大型企业会由专业的管理团队或代理人经营,他们对企业几乎没有任何所有权,正是由于决策制定者与所有者之间的这种分离,使得管理者的决策会与股东财富最大化的目标不相一致,他们的工作热情会下降,并试图以股东利益为代价通过工资和津贴等方式使自己获益。

　　代理问题产生的根源是利益冲突,只要利益冲突存在,不同的利益群体就会更好地考虑自己利益而不是组织利益。我们要花费大量时间讨论管理层监管问题,并试图使管理层利益与股东利益趋于一致。举个例子,管理层监管可以由评级机构或财务报表审计机构实施,含有补偿计划的薪酬可用于协调管理层与股东利益。此外,还可以借助管理层优先认股权、奖金与红利以及与管理层决策是否与股东利益一致直接挂钩的财务补贴等方式。总之,对股东有利的就必须对管理者有利,否则,管理者决策必然使自身利益最优而不是股东财富最大化。

（六）以财务报表为依据

企业大部分量化的财务分析如偿债能力分析、盈利能力分析、运营能力分析、每股价值指标分析等都是建立在财务报表基础上的，通过比率分析法、比较分析法、趋势分析法来获取企业财务的状况，分析出企业的发展前景，为管理层决策提供依据。

三、中小企业财务管理的内涵

中小企业以其投资少、规模小、见效快、经营灵活等特点，特别适合人们创业初期的需求。数量众多的中小企业在解决就业、丰富人民群众物质生活、促进经济发展和社会和谐等方面，发挥着越来越重要的作用。中小企业是小型企业、微型企业、家庭作坊式企业、个体工商户的统称，指的是年度应纳税所得额不超过 30 万元人民币、从业人数不超过 100 人、资产总额不超过 3000 万元人民币的工业企业和年度应纳税所得额不超过 30 万元人民币、从业人数不超过 80 人、资产总额不超过 1000 万元人民币的其他企业。

中小企业为我国乃至世界提供了数量庞大的就业岗位，在促进社会和谐和经济发展方面贡献巨大。中小企业具有投资少、人员少、规模小、好管理、经营灵活等优点，同时也有家族色彩浓郁、管理制度不健全、管理水平低下、融资难、融资成本高、风险防范意识不足、抗风险能力差等缺点。中小企业财务管理是中小企业管理的重要组成部分，与中小企业各方面具有广泛联系，它是中小企业根据相关法律法规制度，按照财务管理的原则，组织中小企业资金活动，反映中小企业的生产经营状况，处理中小企业同各方财务关系的一项综合性管理工作。

中小企业财务管理活动可以具体分为如下几个方面：（1）资金管理。这是中小企业根据自身情况有效管理资金的过程，确保流动资金充足，提高运营效率。（2）预算管理。中小企业为了规避风险、实现战略目标，非常有必要制订合理的预算计划，根据实际情况及时调整，以此为基础开展后续的财务管理工作。（3）筹资管理。中小企业为了解决资金匮乏的问题，需要利用现代化新技术手段进行高效低成本筹资，为企业运营提供稳定的资金支持。（4）投资管理。中小企业经过合理的分析，需要将企业闲置资金有效地进行内部、外部投资。（5）营运资金管理。企业为了正常的生产经营，实现资源优化配置而保持一定量的营运资金过程，其核心内容就是对流动资产和资金筹集的管理。（6）利润分配管理。中小企业利润分配最核心的内容就是制定合理的股利分配政策，确定净利润在对投资者分红与对内留存之间的比例，保持最佳的资本结构。

中小企业财务管理是中小企业公司治理的重要组成部分，是中小企业管理的核心内容，处理好各方财务关系，理顺财务与企业管理的思路，保持良好的财务状况，对于促进中小企业生产经营的顺利进行和中小企业的做大做强，提高经济乃至社会效益意义重大。

第二节　中小企业财务管理的目标与原则

一、中小企业财务管理的目标

中小企业经营目标往往是如何生存、发展与获利。中小企业财务战略管理目标是保证中小企业价值最大化，也是财务战略管理理论研究和实践方法体系中最高层次的目标。利润最大化是初期目标，它是中小企业财务战略管理的本质；股东价值最大化是经营管理的根本，也是财务管理对象、财务假设、经营管理原则、财务要素和方法的基础。中小企业最终目标就是实现中小企业价值最大化。实现中小企业经营目标是财务战略管理具体目标的体现，也是促进财务战略管理基本目标的具体化，具体包括投资战略目标、融资战略目标和股利分配目标等，即分别对应利润最大化、股东财富最大化和中小企业价值最大化。

（一）利润最大化目标

以利润最大化作为企业目标，是19世纪初发展起来的。那时企业的组织形式比较简单，由于当时资本市场极不发达，企业的资本结构也很简单，其资本结构的特征是私人融资、私人财产和独资形式，此时企业的经营者和所有者是合一的，其生产经营的唯一目标就是增加私人财富。因此,从历史发展的观点来看,最初的企业财务目标模式是企业利润最大化,即以利润总额的大小来确定企业距离目标的远近。这种观点认为,企业是营利性的经济组织,利润代表企业新增加的财富,利润越多则企业增加的财富越多,越能体现出企业的本质,而利润作为社会扩大再生产的基础,利润越多表明企业对资源的利用越合理,对社会的贡献越大。

虽然利润最大化容易被理解,但是其也有着不可避免的缺点:首先,利润最大化看重的是企业利润的绝对数,容易导致企业管理层片面地追求短期效益而忽视长远的发展。比如,降低员工培训成本可能会降低企业支出,但是员工缺少培训影响企业可持续发展;其次,忽略了利润实现时间和资金的时间价值,同样的利润在不同时间段、不同方式实现产生的货币时间价值是不一样的;忽略了利润与所承担风险的关系,追求利润最大化容易使管理层不顾风险去追求更高利润;最后,忽略了利润与投入资本之间的关系,在利润一样的情况下,需要投资少的企业更容易被投资人青睐,增加股东的财富。

(二)每股收益最大化

每股收益最大化是中小企业财务管理中的一个重要目标,它是指中小企业从股东投入的角度衡量每一股普通股股份的收益,每股收益最大化权衡了企业经营利润和股东投入资本之间的关系。它是公司某一时期净收益与股份数(普通股)的比率,克服了利润最大化没有考虑投入成本的弊端,但是每股收益最大化观点仍然存在局限性,比如仍然没有考虑每股收益取得的时间问题,没有考虑每股收益的风险。但总的来说,相较于利润最大化指标,考虑了股东投入的每股收益最大化指标更加合理,是衡量经济效益很好的指标。通过实现每股收益最大化的目标,公司可以提高股东对公司的信心和投资价值,从而促进公司的可持续化发展。

(三)股东财富最大化目标

职业经理人最重要的职业操守是确保股东财富最大化,中小企业股东财富最大化目标是通过提高经营利益,提升中小企业股价完善财务战略管理的具体目标来实现的。规定财务战略行动的方向,制定理财策略是中小企业财务战略管理的具体目标。财务战略具体目标制定是否合理,直接关系到中小企业财务成果的实现和经济活动及经营成果的兴衰成败;同时,职业经理人基于增加股东财富的考虑,需要在投资、融资和分红决策等方面权衡各种风险和机会,以提高股东权益的价值为目标。

经营者为了获取股票价格上涨的收益,就会采取各种措施使股票价格上升,从而增加股东的财富。从某种程度上说,股东和债权人都是公司的投资者,但是其投资的性质不同,对公司拥有的权利不同,承担的风险和获取的报酬也不同。股东是公司风险的最终承担者,也是公司经营状况的最大受益者。因此,站在股东的角度,他更倾向于投资高风险的项目,从而获得较高的收益,这可能会使其要求经营者改变举债资金的原定用途。但是,站在债权人的角度来说,如果投资成功,高风险投资带来的高收益由股东享有,债权人仍然获得固定的利息收益;可如果投资失败,债权人却可能会承受由此造成的损失。另外,公司举借新债可能导致负债比重上升,中小企业的财务风险增大,这会导致原债权人的风险增加,遭受损失的可能性加大。

股东财富最大化是企业财务管理目标中最有价值的指标。其意义在于:首先,出发点正确,股东为企业创设和运营提供资金,企业相对于股东存在的意义在于为股东创造财富,股东财富最大化是站在股东的角度来评判的。其次,股东价值最大化考虑了利润取得的时间、与所投入资本的关系、风险的承担这些因素,相较于其他目标,考虑更加完善周全。

但是,实际金融环境瞬息万变,影响股票价格的财务因素和非财务因素非常多,股票价格不能完全反映企业的经营业绩,有一定的局限性。此外,股东财富最大化的重要前提是金融市场是有效的,由于股票分散和信息不对称,职业经理人可能会损失股东的利益来维护自己的利益;由于上市企业股票上市,市场价值能被计量准确,非上市公司的股价无法及时准确获得,股东财富最大化目标更加适合上市企业,而对非上市企业不太适合。

股东财富最大化目标的实现有助于提高公司的市场竞争力和声誉,并促进经济增长和社会繁荣。然而,这一目标也可能存在与其他社会利益之间的冲突,如与企业债权人的利益分配问题。因此,在追求股东财富最大化的同时,公司管理者也应考虑到其他利益相关方的需求和利益,以实现整体的可持续发展。

(四)中小企业价值最大化目标

中小企业价值最大化是指通过合理的运营和科学运作,最大可能处理好资本的时间价值和风险与回报的关系,使企业的总价值(市场价值而非账面价值)达到最大化,由于关注的是未来现金流量,可以用来衡量企业预期获利能力。

企业价值最大化有以下几个突出的特点:(1)将风险和报酬纳入评估因素,企业承担的风险均在可接受范围内;(2)兼顾多方利益,不仅考虑了债权人的利益,也考虑到了如债权人、管理层等其他利益相关者的利益。(3)该目标反映了对资产保值增值的要求,从某种意义上说,股东的财富越多,企业的市场价值越大。但是,由于该目标是站在股东和债权人共同的立场上,因此企业价值的增加,不一定代表股东财富的增加。相较于"利润最大化""股东财富最大化"指标,更具有前瞻性和发展性,有助于克服管理层短期、片面行为,统筹安排长期规划,避免现行会计中存在的不和谐现象。

1. 价值最大化与中小企业长期稳定盈利能力相关

价值最大化目标是中小企业最终目标。

首先,中小企业价值能够真实客观地反映中小企业经营业绩。中小企业价值指标是以中小企业经营利润、现金流量为基础影响中小企业股票价格的因素。基于权责发生制和历史成本原则为基础确认的利润,可能使中小企业避免了利润指标的主观性,确定了现金流量的客观性。

其次,中小企业价值能够充分反映中小企业的长期经营状况。中小企业价值的创造与中小企业经营利润密切相关,体现了中小企业在其未来经营期间内经营活动中所获得的不规则现金流量的现值总和。

最后,中小企业价值评价分析更具有全面性和合理性。中小企业价值面向中小企业未来,是中小企业现金流量折现价值通过加权平均资本成本和折现率来计算,同时分别反映资本成本率大小对风险和货币的时间价值的价值实现,而且价值最大化充分尊重和满足了中小企业各相关利益主体的利益要求。

2. 中小企业价值最大化与战略环境相关性

中小企业价值最大化与中小企业所处的战略环境紧密结合,财务环境包括外部环境和内部环境。就外部环境中的行业环境来讲,中小企业价值与行业环境具有相关性。按照中小企业生产经营过程来看,初创期、成长期、成熟期和衰退期的交易目标是不同的,四个不同阶段中小企业经营行为和行业、产业经济活动,为中小企业提供的价值创造空间也不同。

3. 中小企业价值最大化与竞争优势具有相关性

财务战略管理的本质要求是建立竞争优势,提高中小企业竞争力。获取竞争优势,提高竞争力是中小企业价值增值的源泉。中小企业可以通过成本领先、差异化以及速度优势提高竞争优势,增加中小企业的价值增值优势。财务战略管理强调的是如何确定中小企业战略目标,实施基于中小企业整体发展战略的动态分析,通过战略目标实施将中小企业内部财务活动与中小企业投资决策、经营活动及竞争战略结合起来,完善中小企业价值创造管理能力。

以企业价值最大化为目标,中小企业不能将关注点放在追求短期利益上,而应该寻求企业的长期稳定发展。事实上,中小企业应该改变传统的发展观,把企业价值最大化作为发展目标,保持企业长期稳定的盈利能力,在战略环境中挖掘企业的竞争优势,才能实现可持续发展。

二、中小企业财务管理的原则

在进行财务活动、处理关系的过程中,中小企业平时需要依靠具体方式组织各种财务活动,利用财务优势处理错综复杂的财务关系,相关人员必须重视财务管理的原则,财务管理基本原则应该包括收益风险均衡原则、利益关系协调原则、分级分权管理原则、资金合理配置原则、收支积极平衡原则、成本效益原则、货币时间价值原则,并在遵从这几项原则的前提下展开工作。

财务管理的原则是对财务管理的基本要求,是相关工作人员的行为规范,能体现理财活动的规律性。相关人员在进行中小企业财务管理时会习惯性地总结实践经验,而财务管理的原则便是在这一过程中概括、提炼出来的。

(一)收益风险均衡原则

有人形容市场竞争是一场不见硝烟的战争,这个比喻形象地说明了市场竞争的残酷性。一旦参与市场竞争,无论哪种类型的财务活动都有可能遇到风险。比如说,中小企业没有获得预期的财务成果等。经济活动最直接的目的是获得收益,如果中小企业因为害怕遭遇风险,在面对市场竞争的时候一再退缩,那么只会在一次次冲击下变得越发虚弱,最终失去竞争的资格。其实,风险往往也意味着机遇,风险越大,收益越高。有些中小企业只顾追逐经济利益,却对可能出现的风险没有防范意识,这就违背了风险收益均衡原则。明智的做法是,中小企业在进行具体财务活动之前,一定要先将这项活动实施过程中可能会遇到的种种风险考虑清楚,同时分析其收益性,按照风险收益均衡原则去制定行动方案,将风险降至最低。在实践过程中,为了获取更多利益,相关工作人员也要懂得趋利避害。

(二)利益关系协调原则

财务人员在进行财务管理时,会与各方面的经济利益产生密切而又复杂的关系。而一旦涉及经济利益,各方人员便可能会产生各种矛盾与纠纷,这时候便需引入利益关系协调原则。中小企业与内部外部各方的利益关系涉及国家相关工作人员融入中小企业经营过程和财务管理全过程,需要协调好国家相关管理部门、投资者、债权人、中小企业管理经营者、中小企业基本劳动者的经济利益。通过什么方式保护各方的合法权益,财务管理者不能厚此薄彼,主观行事。而且,经济活动涉及中小企业内部各部门、各单位之间产生利益纠纷,会大大拖累中小企业的运行效率,阻碍中小企业发展的脚步。所以说,利益关系协调原则在中小企业内部依然适用。为了提高各部门、各单位工作人员的工作热情,并加深大家对中小企业文化的认同感,使其更有凝聚力,中小企业财务人员更要协调好各方关系,维护各方利益,努力平息各种经济纠纷。通过财务活动,更能实现中小企业内部和外部经济利益的调整。

随着现代技术的发展与管理思维的进步,对企业利益相关者的协调越来越有效科学。中小企业可以建立自身的关系资产、完善关系资产的管理来协调利益关系,也可以通过股票期权、调整员工持股计划等管理性思维来化解各方的利益矛盾,还可以培育企业文化,通过文化的凝聚力、辐射力来感染企业的利益相关者,进而调整企业利益关系。

第三节 中小企业财务管理的内容与方法

一、中小企业财务管理的内容

中小企业的财务决策贯穿于整个财务活动过程中,并形成企业日常战术性的财务策略。财务决策根据决策对象的性质和内容的差异可以分为融资决策、投资决策和营运资本管理决策,并相应地形成融资策略、投资策略和营运资本管理策略。一般认为,战略是全局性、长期性的谋略,而策略则可以视为战略的具体化、细致化,是战略在企业日常经营活动中的具体执行。

中小企业的融资领域策略,是指企业在满足其经营和发展需要的前提下,通过合理选择融资方式、融资渠道和融资阶段,有效地获取资金,提高其融资效率和成本控制能力,从而实现企业持续稳健的发展。融资战略通常包括两个方面:融资规模和融资结构。融资规模是指企业需要融资的总金额,企业融资应该结合内部资金的实际情况以及融资的成本情况来确定企业合理的融资规模;融资结构则包括融资渠道、融资方式和融资周期等。融资渠道有内部融资、债券融资、股权融资等。企业可以通过优化融资结构,降低融资成本,减少财务风险,提高融资效率,从而实现可持续发展。不同的企业根据自身情况和市场变化,需要制定相应的融资战略,以保证企业运营的顺利进行。

中小企业的投资领域战略,主要解决如何在不同流动性的资产之间、企业内部和外部、不同行业之间分配有限资金的问题。投资方式战略主要是指企业以哪种方式进行投资的问题,这些投资方式包括存货、固定资产、无形资产和货币资金,等等。这同时也是一个策略问题,企业应当根据自身情况和各种方式的价格水平、流动性等选择投资方式。投资规模战略则是企业如何控制总体规模以及具体投资项目规模的问题,企业应当根据具体项目的投资风险和收益以及企业现有的现金流,选择合适的投资规模。投资时机的选择要求中小企业根据宏观、行业以及内部环境的现状以及变动趋势选择合适的时间,尤其在准备投资一些周期性行业前,企业必须对宏观环境的走势做出准确判断,然后选择一个合适的出击时机。

中小企业营运资金管理战略,主要是为了满足临时性的流动资产正常运转而采取的一系列措施。具体的营运资金管理战略通过自然融资管理、应付账款管理、应付工资管理、应付税金管理来应对资金不足。在实际的财务活动中,营运资金策略的类型有自动清偿策略、保守策略、激进策略、平衡策略,通过科学合理地运用营运资金策略,可以保证企业的正常经营活动,提高企业的竞争力和盈利能力。

二、中小企业财务管理的方法

财务是关于资金的事务。财务管理就是对资金进行管理。财务分析,就是对管理资金的过程及结果进行分析。凡是有资金的地方,都需要进行财务分析,企业在管理资金的过程中涉及的事情最多,内容最全面,因而成为学习财务分析最好的范本。

(一)企业财务分析

"财",即财产、资金;"务",即事务。那么,"财务"就是关于财产或资金的事务。"分析"是指把研究对象进行分解并找出本质属性特征和彼此之间的关系,分析认识事物本质的过程。由此可知,财务分析就是对关于财产或资金的事务进行分析,找出相应的财产或资金事务的本质属性特征。

企业财务分析是为了满足需求,分析者根据预先设定的分析目的,收集被分析企业的所有财务会计资料及其他有关资料,按照一定的原则和判断标准,并运用一定的程序和方法,对所关注的被分析企业的有关财务问题,及相关财务行为能力的现实状况、发展过程和未来趋势做出分析的过程。

从概念中,我们可以看出企业财务分析的客体主要是指从事经济活动的企业。我们掌握了企业财务分析理论及方法,就能轻松地对其他从事经济活动的单位或个人做出财务分析。

1. 企业财务分析的作用

无论是对于企业内部生产经营管理还是对于企业外部投资决策、贷款决策、赊销决策等,企业财务分析都发挥着重要的作用,它既对企业过去的财务活动做出了总结,又对企业未来发展进行了预测。可以说,企业财务分析与评价考核对于企业战略与资本运营具有重大的意义。总体而言,财务分析对于企业管理的作用主要体现在以下几个方面。

(1)企业财务分析可以评价企业财务状况、衡量企业经营成果

企业财务分析运用资产负债分析和企业利润分析,可以让企业财务分析主体充分地了解企业的资产结构和负债水平,判断企业的偿债能力、营运能力及盈利能力等,从而清晰地分析出企业在财务方面存在的问题,最终为企业未来发展做出合理的财务预测和生产经营决策。

(2)企业财务分析有助于企业发现问题、改进方法,实现财务目标

一个企业,最大的财务目标就是获取最大化的企业价值,即追求利润最大化。对企业进行财务分析,可以了解企业的盈利能力、资金周转、偿债能力及现金流分析,有助于企业决策管理过程中及时发现其在财务运营方面存在的问题,进而分析出其生产经营方面可能存在的问题,从而不断探索分析,寻求改善生产经营状况和财务状况的途径和方法,以不断改进或完善企业生产经营状况,进一步提高工作效率,优化企业资源有效配置,最终实现企业财务目标。

(3)企业财务分析有助于企业经营者或投资者做出合理决策

通过企业财务分析,企业经营者或投资者可以获取真实的、完整的、全面的企业财务信息资料,从而能深入了解企业的经营状况,充分把握企业的营运能力、偿债能力等,做出合理的企业发展战略、计划预测,促使企业决策者和高层管理者做出适合企业经营需求的决策和计划实施。

(4)企业财务分析有助于企业实现财务目标

企业的最终目标是实现企业财富最大化,需要利用财务分析这一工具。通过对财务状况进行分析,分析企业发展的潜力,找出与行业内其

他企业的经营差距,分析原因,从企业内部优化整合人力、物力资源,促进企业长期稳定发展,实现企业价值最大化的目标。

2. 企业财务分析的方法

(1)比较分析法

比较分析法是最基本的企业财务分析方法,它主要是将企业会计报表中的某些项目或财务指标与其他相关的资料进行对比,从中找出差距,进而说明、探究和评价企业的财务状况和经营业绩。根据分析的方向角度不同,比较分析法可以分为水平分析法和垂直分析法。

①水平分析法。水平分析法,即横向比较法,是指通过对现阶段的企业财务状况、经营成果、现金流状态的资料信息,与前期或以前某一阶段反映企业财务状况的资料信息进行对比,从而研究企业的经营业绩或财务状况的发展变化情况。水平分析法一般用绝对数进行比较,有时也可用相对数进行比较。具体对比可以运用如下的公式来进行。

计算公式	说明
◇绝对值变动额 = 报告期某指标实际值 ÷ 基期某指标实际值	绝对值只能说明经济业务具体变化值,说服率低
◇相对变动比率 = 报告期某项指标实际数 ÷ 基期同项指标实际数	反映企业经济增长值,更有说服力
◇增减变动率 = 绝对值变动数 ÷ 实际值基期数	反映企业财务指标的变动情况

水平分析法的分析结果可以通过编制比较会计报表来呈现。在编制比较会计报表时,首先要计算出相同项目的增减变动金额及其百分比,然后再分析其增减变动对企业财务状况的影响。

②垂直分析法。垂直分析法,即纵向比较法,是通过计算出各分项目指标数值占总体数值的比重关系,分析出财务报表各项目对总体项目的具体影响,分析反映出报表中各项目的重要程度及报表的总体结构关系。垂直分析法做出的财务报表一般用百分数表示,因此这种财务报表通常称为同度量报表、总体结构报表、共同比报表等。一般来说,共同比报表可以以资产负债表中资产总额分析为基数,充分了解各项指标对资

产总额的比例关系；共同比报表也有的以利润表数据进行分析，分析各项收入、成本费用、税金及利润值占总收入的比重，以营业收入总额为基数。另一种应用场景是将本企业各项目财务指标比重与其他同类企业的同类财务指标项目进行比重对比，从而分析比较本企业与其他同类企业存在的差距，并做出总结。

以第一个应用场景为例，运用垂直分析法进行比较，具体可以按照以下公式和步骤分析。

首先，基本数据来自会计报表，计算各项目财务指标占相关总额的比重或百分比，具体计算公式如下：

某项目的比重 =（该项目金额 ÷ 各项目金额总和）× 100%

第二，通过项目比重，分析项目在企业经营中的重要程度。

第三，将报告期项目比重与以前各分析期相同项目数值比重进行对比，以分析各项目财务指标比重变动情况。

综上所述，无论是使用水平分析法还是使用垂直分析法，我们都需要注意：第一，指标内容、范围和计算方法要保持一致，即不仅要运用资产负债表、利润表、现金流量表等财务报表中的项目数据，而且还要保证这些项目的内容、范围及使用这些项目数据计算出来的经济指标的内容、范围和计算方法要一致。第二，会计计量标准、会计政策和会计处理方法要保持一致，即在运用比较分析法时，要对发生变动的不具备可比性的数据要做出调整，保证数据具有可比性之后再进行比较。第三，时间单位和长度保持一致。即在进行比较时，若使用年度单位，那么就要保证都是年度，若要是月或季，那么都得是月或季。除此之外，要运用比较分析法，我们还必须要保证相比较的企业类型、经营规模、财务规模及经营目标要大体上一致。只有这样才能保证具有可比性，否则就不具备可比性，生硬地进行对比也是做无用功，没有任何实际意义。

（2）比率分析法

比率分析法是指通过计算某些存在关联的项目数据的各种比率指标，来确定财务活动变动程度的方法。采用比率分析法时，注意财务比率的相关数据必须要有内在关联性。根据比较对象特性的不同，比率分析法的指标可以分为相关比率、结构比率、效率比率、趋势比率等。

①相关比率。相关比率是将性质不同但又有联系的两个财务指标进行对比，求出比率值，并对财务状况和经营成果进行分析。利用相关比率指标，可以分析、评价、反映有关经济活动的相互关系，评价经济资

源的占用和安排是否合理,评价企业生产经营活动是否能顺利进行,企业的投资收益是否最优。一般常用的相关比率有流动比率、速动比率、资产负债率、资产周转率等。

②结构比率。结构比率是指计算某个财务指标各项组成部分占总体的比重。结构比率反映了总体中的某一部分与总体的关系。结构比率的计算公式如下:

结构比率=(某项组成部分数额÷总体数额)×100%

运用结构比率指标进行分析,我们可以具体地分析出企业财务指标构成内容的质量、变动幅度及其合理性、科学性。例如,我们研究各类资产占总资产的比重,各项负债占全部负债的比重,就可以掌握企业资产结构、资本结构等财务指标的特性及其变化趋势,并能够考察这些总体指标构成项目的比例,判断其是否合理有效,以便于及时调整。

③效率比率。效率比率是指能反映企业某项经济活动中投入与产出的比率。运用效率比率指标,我们能够清晰地看出企业运用现有的资源能够产出的具体收益,能够分析出企业营运能力,判断企业的营运效率。在实际工作中,我们常用的效率比率指标通常有投资报酬率、销售成本率、净资产收益率、成本费用利润率、销售利润率、股东权益报酬率、销售净利率等。

④趋势比率。趋势比率是指将不同时期相同指标的数值进行对比获得的比率。趋势比率指标主要有定基发展速度、定基增长速度、环比发展速度、环比增长速度等。

在运用比率分析法进行分析时,我们需要明白:比率是两个指标对比的结果,这是一个相对的数值结果,当其中某一个指标发生变化或两个指标同时发生变化时,结果都会不同。这就告诉我们,在做具体分析时,不能简单地从比率的变化来说明原因,应根据具体情况做深入分析。此外,我们还需明白比率中的相关比率是依据指标之间相互联系、相互依存的关系确定的,而不是随意设定的。

(二)企业财务控制

控制是指监视各项活动以保证它们按计划进行并纠正各种偏差的过程。财务控制是指企业以法律、法规为依据,以企业管理制度、财务预算、经营目标为手段,利用内部控制制度对企业财务活动进行组织、指导、监控和约束，促使企业财务目标实现的管理活动。财务控制是企业管理的重要环节。

1. 财务控制目标

财务控制目标是企业通过专门的财务方法对企业财务活动进行管控所要实现的根本目的。财务控制目标是企业财务控制的出发点和归宿点，它决定着企业财务控制的发展方向。企业财务控制目标既有总体目标，也有具体目标。

企业财务控制的总体目标就是实现企业价值最大化。企业价值最大化其实是指在企业长期发展的基础上，企业价值体现得尽可能大，企业获取利润尽可能地多。财务控制的具体目标是在保证企业经营活动合规性的前提下，实现企业经营活动和财务活动的有效性。

财务控制能使企业在正常的轨道上行进。实际上，企业的财务活动都是围绕着企业的目标而运行的，由于外部环境和内部环境的变化，导致企业财务活动的结果与预期目标有所差异。如果不对差异进行管控，可能会加大企业的财务风险，长此以往，风险将难以管控，企业的财务目标将难以实现，对企业经理人、债权人和股东造成不可估量的损失。

2. 加强企业内部财务控制的策略

企业发展具备良好的经济环境，为企业的可持续性发展和企业创新打下坚实基础。但是，我国企业在财务内部控制方面还存在一定的不足。为了更好地促进企业实现可持续发展，企业必须要根据经济发展趋势加强内部财务控制。

（1）转变财务管理理念

当前，我国经济飞速发展，经济环境发生巨大变化。因此，企业必须充分了解经济形势，深入分析企业运行情况，及时转变财务管理理念，培养和树立先进的财务管理意识。企业要明确，在新经济背景下企业财务管理不再只是负责基础性财务工作，而需要承担企业发展的使命，为企业改革创新贡献力量。转变财务管理理念需要做到以下几方面。

第一，不断深化对新经济的了解，充分认识"新"的深刻内涵，清晰认识未来的发展趋势。

第二,重视财务管理在企业发展中的作用。促使企业管理者引入先进财务管理理念,通过优化财务管理工作,从而推动企业发展。

第三,实现财务管理理念的改革升级。结合企业自身的实际情况,将新经济背景和财务管理理念相结合,使企业顺应时代发展潮流,实现企业的顺利发展。

（2）完善企业财务管理制度

在新经济背景下,企业结合自身实际进行制度改革和完善。

第一,强化社会支持。政府根据企业财务管理机制存在的问题,结合市场经济环境,制定相应的法律法规,为企业财务制度改革奠定坚实理论基础。同时,政府充分发挥引导作用,引领企业树立完善的社会服务意识,实行工作人员再教育,强化工作人员创新意识。

第二,完善企业财务管理机制。企业财务管理机制要与市场发展趋势相一致,要实现企业全覆盖,充分实现企业系统化。企业重点优化和降低成本、资金管理等方面的机制,将财务管理的所有内容相联系,促进财务管理各个机构之间的沟通协作,建立网上沟通交流平台,实现信息沟通及时化,加快财务数据收集速度,充分实现信息资源共享,提升工作效率。

（3）增强企业资金筹措能力以丰富融资渠道

目前,我国有相当一部分企业融资能力相对不足,缺乏行之有效的筹资渠道,这在一定程度上束缚了企业发展。因此,我国要推进金融行业发展,扩大信贷产品比例,简化企业申贷流程,适当增加贷款上限,有效增加企业融资途径。同时,要求企业加强资金管理机制建设,制定合理的人力资源岗位责任,构建完善的防控财务风险机制,提高企业投融资水平。

第一,完善资金管理制度。企业加大财务信息管理力度,保障财务信息真实、准确。

第二,构建合理的财务风险防范机制。合理处理债权债务问题,保障债权债务比例协调,确保企业有足够的资金正常使用,支持投资项目正常运营,发挥企业管理者识别风险和防范风险的能力。

（4）优化财务控制机制以提升财务控制能力

伴随着经济的快速发展,我国企业逐步完成转型升级,根据市场需求,进行合理的财务管理,改进财务控制机制,提升财务控制能力。

首先,加强闲余资金管理。企业要转变理财观念,摆脱传统理财观念束缚,扩大资金利用渠道,最大限度实现降本增效,充分发挥企业利用闲置资金的能力。

其次,加大企业管理力度,提高资金运营效果。提高财务管理人员资金管理的风险意识,合理配置资源,实现财务协调和经营发展。

最后,全面管控风险,提高资金使用流程。完善企业监管机制,加强资金全面监管,清晰辨别风险,及时采取措施有效防范。

3. 财务控制的方法与措施

在实际工作中,常见的财务控制方法有前馈控制(事前控制)、过程控制(事中监督)、反馈控制(事后核查),通常也叫"全过程管理"。中小企业的前馈控制必须要结合企业的经济决策和相关程序,确定企业内部控制的标准,将相关经济活动的责任落实到具体人员,比如对于供应商的选择,在选择前就应该向上级部门报告审批,将具体业务落实到具体的人员;财务中的过程控制就是事中监督,比如企业财务人员应该正确确定会计科目,记录会计信息,此外,将ERP系统与现金管理系统等其他信息系统相结合,可以提高数据的处理效率,保证真实性;反馈控制主要的工作是核查,核查企业记录的财务数据是否正确、真实发生,企业的经济利益是否实现。

通常采用预算控制、运营分析控制和绩效控制等措施来实施控制。中小企业预算管理通过预算来分配企业的财力、物力与人力,监控目标实施的进度。运营分析控制是指企业对经营活动和投融资活动进行运营情况分析,及时发现问题并且解决。绩效控制是指对企业内部的工作进行考核评估,对有关人员、部门进行奖惩、激励,改正错误、总结经验的过程。

(三)企业财务决策

现代决策理论是在巴纳德社会系统理论的基础上,吸收了系统理论、行为科学、心理学、社会学、运筹学、信息工程学,以及计算机科学等新成就,由美国著名经济学家、1978年诺贝尔经济学奖获得者西蒙(Heibent A. Simon)教授所创立发展起来的。他所著的《决策理论》《管理决策新科学》被视为现代决策科学发展的一个重要里程碑。他强调决策在经营管理中的核心地位，认为组织就是由大大小小的决策者个人所组成的系统，决策贯穿于企业管理的全过程，管理就是"决策—执行—再决策—再执行"这一反复不断的反馈过程。从这个意义上说，管理就是决策。在西蒙决策理论的推动下，决策受到经济管理理论界、实业界的高度重视，企业管理大都把"管理的重点在经营，经营的中心在决策"当作座右铭了。而战略是决策的基准，战略决策是就能影响企业实现目标能力的战略问题所做出的重大决策。战略管理就是制定和实施战略决策的过程。

财务决策是为了实现财务目标而在多个选择方案中做出决定的财务行为。在激烈的市场环境中，财务决策关乎企业的命运，因此财务决策的核心是财务分析，财务分析为财务决策服务。

在实际的财务工作中，财务决策需要考虑多方面的因素。首先，财务决策应该是集体的决策，财务决策涉及面广，因此深入了解客观的财务信息后做出决定，同时财务决策具有很大的主观性，决策者的认知、专业、经验不同，做出的决策不同，企业应该组成一个高层次的决策层，听取各方面意见，避免决策的主观性。其次，决策应该有方法，财务决策不仅需要把定性方法与定量方法相结合，还需要考虑企业的环境变化；通常决策者依靠经验来做出决策，常用淘汰法、排队法、归类法做出决策，另一种方法是定量分析法，具体方法采用数学微分法、线性规划法、决策概率法等。

第四节　中小企业财务管理的环境

财务管理环境是指影响财务管理的经济要素，又称"财务环境"，是企业财务管理活动中形成重要影响的各种内部因素和外部因素的统称。影响财务的内部环境与外部环境并不是一成不变的，它们始终处于动态变化之中，而企业的兴起、发展与繁荣也始终受内外部环境的影响，一旦企业无法适应其内部环境或外部环境的变化，就可能随时面临生存威胁。想要提高企业对内外部环境的适应能力，并在环境发生改变的时候及时应对,甚至有效利用环境的变化去增强自身的运作效率,以实现企业财务管理目标,就要全面掌握企业的财务管理环境。所谓牵一发而动全身,企业财务环境哪怕发生细微的改变,对企业财务活动和经营管理过程都会产生巨大的影响。只有企业决策者充分发挥企业财务环境的影响和制约作用,才能让企业达到预期的发展目标,实现财务活动的协调平衡。

一、财务管理环境的分类

经济活动环境是一个多层次、多角度、多方位的复杂系统。财务管理系统内各组成部分内容全面,相互制约,功能复杂,对企业财务管理有着重要影响,增强了企业管理制度的完整性。

(一)按与企业的关系分类

按其与企业的经济关系,可以将财务管理环境分为企业内部环境和企业外部环境两个方面。

企业内部财务管理环境一般指经济实体的微观财务管理环境,是内部经营管理和财务决策的组成部分。企业外部财务管理环境一般指经济实体的宏观财务管理环境,是外部市场经济的经济实体的影响因素。企业在制定财务战略时,其内部和外部环境之间存在着密切的联系,相互影响、相互作用。首先,企业外部环境对企业内部环境有制约作用;其次,改善企业内部环境包括理财条件、组织关系、生产运作和营销管理等,可以增强企业实力,又对外部环境起反作用。全面了解企业内外部环境是确定企业财务战略目标并保证其顺利实施的重要先决条件。分析和评价这些因素的作用,有利于分析经济要素功能和效果,是企业制定财务战略的出发点和重要依据。

(二)按变化情况分类

按其变化情况,可以将财务管理环境分为静态环境和动态环境两个方面。

静态管理环境是一种财务管理状态的体现,简单而言,在影响财务管理的各种因素中,有一部分因素会一直保持着相对稳定的状态,不会发生大的变化,也比较容易预见,静态管理环境就包括这部分因素。

动态财务管理环境是一种财务管理变动性要素,它指的就是那些对财务管理活动变化过程和经营关联产生影响比较大、动态性变化的因素所构成的财务管理环境。

其实,如果从长远的目光来看,财务管理环境一直处于变化之中,它不可能保持静止不动的状态。所以,我们在对财务管理展开研究的时候,要将大部分注意力放在动态财务管理环境上,想方设法地去提高企业对动态财务管理环境的适应能力和应变能力。

(三)按对财务管理环境因素的可控性分类

可控制财务管理环境是企业经过努力能够影响、改变或部分改变的环境,企业内部财务管理环境是企业决策者和管理者可以控制的财务管理环境。

不可控制财务管理环境是外部因素造成的企业决策者和管理者无法控制的财务管理因素。企业的外部环境是由市场因素、金融因素、政策因素等很多不可控制环境形成的,如政治政策环境、社会文化环境等。

对可控制财务管理环境,我们应当充分利用各种手段与方法,营造有利于企业财务管理目标实现的环境,对不可控制财务管理环境,我们也应当采取一定的方法,识别和利用有助于企业财务管理目标实现的各种环境因素,规避不能控制的、不利于企业财务管理目标实现的因素。

(四)按财务管理环境的范围分类

按其包括的范围,可以将财务管理影响因素分为宏观环境和微观环境两个方面。

宏观财务管理环境是指外部经济因素对财务管理产生重要影响的宏观方面的各种因素。这些因素一般来自宏观经济要素,如国家政治、经济形势等。在宏观经济影响因素方面,宏观环境的变化对各类企业整个经营战略和经济活动、财务管理活动均会产生影响。

微观财务管理环境是指内部经营管理决策对财务管理产生重要影

响的微观方面的各种因素,这些因素一般来自经济实体内部经营管理,如企业组织形式变化、经营管理和生产状况等。微观环境的变化一般只对特定的企业财务管理产生影响。

二、中小企业财务管理环境分析

财务管理环境又可以称为理财环境,指的是对企业财务管理目标实现的非理财因素进行制约与影响的一系列环境的总称。企业筹资、投资、营运资金等的管理以及利润分配等,都会受到环境的影响和制约。企业通过研究理财的环境,一方面可以对环境进行充分的认识,进而改善环境;另一方面可以为制定科学的财务决策提供有效信息。总体而言,中小企业的理财环境主要涉及如下两个层面。

(一)宏观财务管理环境

1. 科技环境

21世纪的经济是科技迅猛发展、技术含量比重逐步提高的经济,是由工业社会向知识经济转变的经济。随着知识经济的到来,尤其是大智移云技术的出现,使得无形资产逐步成为企业的投资对象,投资决策也逐渐从有形资产转向无形资产。科技加快了理财的手段与方法,也为理财开辟了一条新出路,为企业发展带来了新的优势。

2. 经济环境

中小企业作为国民经济的重要组成部分,其发展必然会受到经济环境的影响和制约,对于理财活动产生重要影响的经济环境包括通货膨胀、经济周期、经济政策等。经济政策除了受到经济体制、经济制度的影响之外,还会受到国际政策的影响,如国家产业政策、经济发展规划、体制方案等。当前,我国施行的供给侧结构性改革、"一带一路""双循环"的发展战略对中小企业都带来了巨大影响。

3. 法律环境

国家为了中小企业长期稳定发展，制定了《保障中小企业款项支付条例》（以下简称《条例》）和《中华人民共和国中小企业促进法》（以下简称《促进法》），从法律制度上保障了中小企业的利益。

为了保障中小企业被拖欠的款项及时支付，《条例》规定：机关、事业单位从中小企业采购货物、工程、服务，应当自货物、工程、服务交付之日起30日内支付款项；合同另有约定的，付款期限最长不得超过60日。

在财税方面，《促进法》规定，国家设立中小企业发展基金。国家中小企业的发展基金应当遵循政策性导向和市场化运作的原则，主要运用于引导和带动社会资金支持创作初创期中小企业，促进创业创新。在融资方面，《促进法》规定，国家鼓励各类金融机构开发和提供适合中小企业特点的金融产品和服务。国家政策性金融机构应当在其业务经营范围内，采取多种形式，为中小企业提供金融服务。国家完善担保融资制度，支持金融机构为中小企业提供以应收账款、知识产权、存货、机器设备等为担保品的担保融资。中小企业以应收账款申请担保融资时，其应收账款的付款方，应当及时确认债权债务关系，支持中小企业融资。

由于中小企业的规模小，实力较弱，因此抗风险的能力也比较弱，中华人民共和国财政部与税务总局等相关政府部门对于中小企业有一定的优惠，其中包括减免征收企业所得税、研发费用加计扣除、技术转让所得税前扣除等。这些税后优惠减轻了中小企业的税收压力，给中小企业资金支持提供了有力的政策保障。

例如，2022年国家税务总局发布关于实施小微企业所得税优惠政策的第13号公告，规定对小型微利企业应纳税所得额超过100万元但不超过300万元的部分，减按25%计入应纳税额，按20%的税率缴纳企业所得税（期限为2022年1月1日—2024年12月31日）。

例如，2023年中华人民共和国财政部、税务总局发布关于明确增值税小规模纳税人减免增值税等政策的第1号公告，规定自2023年1月1日至2023年12月31日，对月销售额10万元以下（含本数）的增值税小规模纳税人免征增值税。自2023年1月1日至2023年12月31日，增值税小规模纳税人适用3%征收率的应税销售收入，减按1%征收率征收增值税；适用3%预征率的预缴增值税项目，减按1%预征率预缴增值税。

4. 金融环境

在现代经济活动中，所有企业都会不同程度地参与到金融系统之中，目的是对资本结构与资金进行优化。筹措资本是企业建立与发展的基础和前提。随着金融市场的不断完善与发展，筹措资本的方式与渠道越来越多样化，但是不同的筹措资本的方式难易程度、风险高低也不同。企业筹措资本的决策应当在综合利率、经济发展等的基础上，合理确定筹措资本的数量、时间、成本、风险等。除了要采取直接投资、内部集资等方式外，企业还可以通过发行债券、银行或非银行性质的金融机构借款、商业信用、票据贴现和融资租赁等方式筹集债务资金。

（二）微观财务管理环境

1. 企业财务控制制度

企业应根据《企业财务通则》的规定，逐渐健全与本企业相适应的审批制度、存货应收账款制度、投资可行性论证制度、现金收支规范制度等，将财务管理对企业经营的保障与监督作用充分发挥出来，深度挖掘中小企业内部的潜力作用，节约开支，促进中小企业不断增收增益。

2. 财务机构与财务人员

大型企业通常拥有更庞大的财务部门和更复杂的财务系统，需要更多的预算、报告和审核程序来确保资金的正确使用和合规性。相比之下，中小型企业通常没有专门的财务部门，或只有一个很小的团队，中小企业需要在资源有限的情况下完成所有的财务工作，这样会使得财务管理变得更加简单和直接，但是中小企业内部财务部门会出现分工不明、人员能力不足，信息传递不畅的问题，不利于企业的预测分析、风险管控。为了给中小企业营造一个良好的环境，必须建立一支具有高素质的财务人员队伍,一方面促使现有财务人员调整知识结构,努力适应信息化、知识化理财的需要,另一方面应采取切实可行的人才计划,通过提高财务负责人人员的住房、工资、福利和医疗等方面的待遇,吸引有能力的财务负责人加入。

3. 理财手段和方法

随着互联网不断普及,传统的理财手段显然不适应当前经济和社会的发展,因此中小企业应该抓住这一机遇,与时代发展要求相适应,加强网络财务的建设,提高理财的效果,实现财务管理的目标。除了对财务手段进行改善外,还应该从自身特点出发,选择恰当的理财方式,准确测定理财活动与控制标准的偏差,为企业减少资金占用、降低成本费用、提高经济效益指明方向。

4. 管理层水平

管理层的水平对财务管理具有重要影响。管理层在企业中扮演着关键角色,他们需要制订战略计划、管理日常运营和监督公司的财务状况。如果管理层缺乏财务方面的知识和经验,可能会导致企业在预算编制、现金流管理、投资决策和税务规划等方面出现问题。相比之下,拥有良好的财务管理知识和经验的管理层,可以更好地处理财务问题并做出更明智的决策。他们可以更好地利用财务数据进行决策制定,并合理规划预算和资金流动,从而促进企业的发展壮大。此外,管理层还应该了解相关的法规政策和行业标准,以确保企业在财务管理方面符合合规要求。高水平管理人员有助于企业实现财务目标和长期稳健发展。

5. 企业经营阶段

在中小企业发展初期,企业产品结构单一、生产规模小,产品成本较高,企业利润较低。从现金流的角度看,现金流出大于现金流入,现金净流量为负,对外筹资是主要的现金来源;同时,由于企业实力弱,外部融资的数额与期限受到限制。创业者应趁早制定规章制度规范企业的财务行为,为今后的发展创造良好的制度环境,此时不宜实行利润分配,应将其作为资金积累,减轻企业的资金压力。

随着中小企业进入成长阶段,产品技术提高,应收账款不断收回,资金周转率提高,现金流入较初期增加,由于还本付息的压力存在,企业的财务风险上升。企业不能盲目扩张,要积蓄财力,抓住有利时机实现发展,通过资本积累与规模扩大的多次交替成长来发展壮大,规范财务会计核算,加强对流动性强的资产管理,推进会计工作和内审程序科学化、规范化、系统化,制定定期分配少量利润的政策,在保证企业稳定发展的前提下,实现投资者收益的增长。

在成熟阶段,企业的市场份额比较稳定,资金周转率较高,应收账款大量收回,固定投资不会增加太多,企业仍然保持正向的现金净流量。企业具备一定成熟的生产能力,利润比较稳定,企业的经营风险大大降低。此时,企业可以适当提高财务风险,利用资本结构实现节税,适当扩张投资,进行多元化投资,要注重发挥企业的优势,保持企业从成长期步入成熟期的核心竞争力。

到了衰退期,企业的销售水平下降、资金周转速度变慢,出现负现金流量。处于衰退期的中小企业,考虑实行防御型的财务战略。节约支出,盘活现有存量资产,将企业的资金集中于企业的主导业务,积累内部力量来寻找新的机会,在环境有利的条件下谋求新的更大规模发展。

6. 资本结构

首先,不同类型的资本来源具有不同的成本和风险。股票的发行会稀释股东的权益,并带来股权成本;而借款则可能需要支付利息和借款保证金等费用,同时也可能承担违约和资产抵押等风险。因此,企业需要通过管理资本结构,使其能够平衡成本和风险,并最大化股东价值。

其次,企业的资本结构还会影响到其财务的灵活性。例如,如果企业主要依靠借款进行融资,那么它将承担更多的财务杠杆风险(负债越高,致命风险就越大),并且可能受到借款人的限制,如放贷机构或债券持有人可能要求符合特定的财务比率或遵守约束性条款。在这种情况下,企业可能需要采取更为谨慎的财务管理策略。

总之,资本结构对财务管理具有重要的影响。企业需要综合考虑成本、风险和灵活性等因素,以制定最佳的资本结构,并相应地管理财务决策。

（三）中小企业财务管理环境建设

中小企业财务管理环境建设应该从宏观和微观两个层面进行。从宏观上来看，应主要解决以下几方面问题。

（1）健全法律。世界许多国家和地区都注重首先从法律法规上加强对中小企业的保护和扶持，我国的《中华人民共和国中小企业促进法》的制定和实施，为中小企业的发展开辟广阔道路。

（2）组建并逐步扩大中小企业政策性银行的业务范围和服务内容。

（3）进一步建立中小企业信贷担保机构，并采取灵活多样的形式，包括政府出资建立政策性金融担保机构，政企共同出资建立会员制担保机构和股份经营的担保机构，由机构吸收银行企业甚至个人资金建立按市场规律运作的商业性担保机构等。

（4）积极稳妥地拓宽中小企业直接融资的渠道。首先，降低中小企业上市融资和发行债券筹资的条件，鼓励中小企业直接融资。其次，创立中小企业产业投资基金和中小企业高新技术投资基金等。

（5）建立健全中小企业社会服务体系。包括中小企业培训服务体系、技术创新服务体系、信息服务体系和信用担保及社会评估体系等。

（6）批准建立更多的"一带一路"中小企业合作区，推动中小企业与国际市场接轨，汇聚优质资源，深化合作，稳步构建与"一带一路"沿线国家和地区中小企业全方位、深层次、高水平双向开放和交流合作。

从微观环境看，应从以下方面加以改进。

（1）进一步推进产权制度改革，通过产权流动实现优胜劣汰。

（2）积极主动进行结构调整，大力发展国家扶持的重点行业类型。

（3）快速稳妥地提高人员素质，加快培育技术创新能力，提升员工培训的质量，推动财务智能化管理，提高财务信息技术处理能力。

（4）建立现代企业制度，建立健全各项完善的规章制度，有利于赢得债权人尤其是银行的信任，提供良好的融资环境。

（5）加强资金管理与风险管控意识，充足的资金可以保证企业的经济活动正常运转，确保企业的经营效益；有效的风险识别体系、控制机制，能使企业在安全、稳定的范围内经营。

（6）优化企业内部沟通机制，提升财务指标执行效率，实现企业财务目标。

（7）提升企业决策水平，中小企业老板权威高，会出现员工畏惧、过度依赖老板权威的情况，不利于企业长期发展，应建立企业智囊团，为企业发展提出方向正确的决策。

第二章 可持续发展战略与中小企业财务管理

第一节 可持续发展与中小企业财务管理目标

财务目标是财务活动的出发点与最终归宿,是企业财务活动所要达到的根本目的。财务目标在现代企业财务管理中具有重要作用,企业的理财活动离不开财务目标的指导与约束,而财务目标的有效性能发挥预期的功能,最终帮助中小企业实现可持续发展,这无不彰显有效财务目标对中小企业成长的重要性。

一、有效财务目标的功能分析

(一)导向与约束功能

有效的财务目标应当能够引导与推动企业开展积极的财务活动,处理好利益相关者之间的财务关系,并与企业的目标保持一致。财务一方面为企业的经营管理提供相关的辅助决策和监测职能,另一方面又直接表现为一定的财务状况和经营成果。财务目标只有与企业的总体目标保持一致,才能发挥积极的作用。当企业在不同发展阶段的目标发生改变时,财务目标也需要相应调整。财务目标的导向性与约束性其实是一个问题的两个方面,为了保证财务目标与企业目标的协调性,还应当约束可能偏离目标的财务活动,如投融资决策是否有悖于企业的发展目标,各部门的财务决策是否与财务总目标协调一致等。

(二)评价功能

财务目标的实现与否以及实现的程度如何,是评价财务工作的最终标准。理财目标的研究,既要能为企业理财提出明确的方向,又要有可操作性。可操作性包括可计量性、可验证性、可控制性。只有具有可操作性的目标才能具备评价功能。如企业要从备选方案中选择合适的投资方案,首先要有一个评价标准。这个标准即为是否能够实现财务目标,并在此基础上衍生出指标评价体系。对于企业的融资方案选择、日常营运资本管理的绩效考核,同样需要依据财务目标加以评价。

二、企业价值最大化

对大部分中小企业而言,"企业价值最大化"目标比较抽象,难以量化和确定。企业价值最大化目标是在西方发达国家的资本市场基本完善的条件下提出来的。企业价值通常用债务的市场价值和股票的市场价值之和来衡量,因此计算企业价值,首先需要计量债务和股票的市场价值。由于大多数中小企业很多没有进行股份制改组,即使发行了股票的中小企业,由于股票不上市流通,市场也无法对企业价值作合理评价,从而使企业在具体指标的量化上没有合理的价值参照系。现在中介市场上有一类专门进行资产评估的机构,尽管这类评估可以提供一定标准,但由于资产评估是一项浩大的工程,需要评估人员具备较高的专业知识和技能,这对中小企业来说是相当困难的,因此资产评估不能作为中小企业日常的衡量标准。同时,企业价值的评估还隐含着一个前提,即市场必须是完善的,价格信息能够反映企业真实的价值。

第二节　可持续发展与中小企业财务管理的重点

一、中小企业资金成本管理

（一）企业资金成本的内涵

一般来讲，企业资金成本指的是某个企业为了筹集或者是使用资金所必须付出的代价，也可以指企业为了获得投资收益而付出的机会成本。企业成本有着广义和狭义的含义：广义上的企业成本指的是企业为了筹集和使用全部资金而必须付出的代价；狭义上的企业成本指的是企业为了筹集和使用长期资金的成本，有时候也会把长期资金的成本称为资本成本。

（二）企业资金成本的分类

资金成本按照不同的分类标准可以分为不同种类。在实际工作中，按照具体项目和内容的不同，资金成本可以划分为个别资金成本、边际资金成本和综合资金成本。

1. 个别资金成本

个别资金成本是企业在筹资过程中，使用单种筹资的方式进行的。这种个别资金成本一般可以用来比较和评价各种筹资方式的优点与不足，从而帮助企业的管理者或经营者做出最有利于企业发展的决策。

2. 边际资金成本

边际资金成本指的是企业每增加一个单位的资金量而必须多付出

的那部分成本。企业的财务工作者在对边际资金成本进行计算的时候，一般采用的计算方法为加权平均法。通过加权平均法，可以计算出企业追加筹集资金的数量时所必须付出的那部分加权平均成本。在计算边际资金成本的时候，筹资突破点也是不能忽视的一个重要计算指标。一般情况下，筹资突破点指的是企业在保持某一个特定资金成本率的前提下，所能筹集到的资金总额度。筹资突破点对资金成本的计算有着十分重要的参考价值。当企业的筹资突破点在企业边际资金成本的成本点范围时，企业原来的资金成本率不会发生任何改变；当企业的筹资突破点突破了企业的边际资金成本的成本点范围时，即使该企业维持其现有的资本结构，其资金成本也会增加，在一定程度上可能会降低企业的收益期望值，最终不利于企业的长远发展。

3. 综合资金成本

综合资金成本指的是通过加权的计算方式来计算企业筹集到的所有资金的平均成本，反映的是资金成本的整体水平。综合资金成本的计算方式主要分为三大步骤：第一步，计算出企业筹集到的个别资金成本；第二步，通过加权的方式来计算企业各种资金的权数；第三步，通过各种资金权数的计算来确定企业的综合资金成本。在对企业的总体效益进行分析的时候，我们不能单纯地依靠其综合资金成本，还要计算其综合资金成本率。

（三）资金成本的作用

资金成本是评价投资项目可行性的一个主要经济标准，也是评价公司经营成果的重要评价指标，是企业选择筹资方式与制定筹资方案的重要依据。

1. 企业的资金成本可以用来评价企业的经营业绩

因为资金成本可以被企业的经营者或管理者用来考察企业资金的使用及占有情况。企业在资金流通率较高的情况下，一般企业的经营状况相对良好。资金成本也可以帮助企业的经营者或管理者通过各种手

第二章　可持续发展战略与中小企业财务管理

段来发掘企业资金的使用潜力，节省企业资金的资本使用费，在提高企业资金利用率的前提下，提高企业的收益。同时，在发掘企业资金使用潜力的过程中，企业的经营者或管理者也可以发现一些高收益的经营业务，也可以为确定企业未来经营发展的方向提供一定帮助，从而使企业更好地适应市场的潮流，最终提升企业的市场占有率。[1]

2.资金成本是企业进行投资决策时的一个重要参考指标

企业在进行项目投资决策的时候，往往要计算内含收益率等指标，而这种指标的计算方式是以资金成本作为折现率来进行计算的。所以，企业在做出是否投资的决策的时候，需要考虑预期收益与实际收益之间的比例关系，而实际收益的计算过程中也必须把企业筹集资金的费用和企业使用资金的费用包含在内。只有当预期收益高于企业筹集资金的费用和使用资金所产生费用的时候，企业才会有盈利的可能，企业的经营者或者是管理者才会做出投资的决定。因此，企业有时候也会把资金的成本看成是企业是否进行投资的一种最低要求的评价指标，也是确定企业经营项目方向的最低要求。

3.企业的资金成本可以作为企业选择筹资工具的重要参考指标

当企业投资项目的未来收益大于或者是等于企业筹集资金所承担费用的时候，这种筹集资金的过程中所使用的筹资工具才会被企业采用；当企业投资项目的未来收益小于企业筹集资金所承担费用的时候，这种筹集资金的过程中所使用的筹资工具就不会被企业采用。因此，企业筹集资金成本也可以在一定程度上为企业的经营者选择何种筹资工具进行筹资提供帮助。此外，如果企业想了解增加企业集资额所花费的代价时，可以通过计算资金成本率这种方式，也就是通过增加资金的综合资金成本来做出决定。

---

[1] 于广敏.企业财务管理与资本运营研究[M].长春：东北师范大学出版社，2016：129.

（四）中小企业资金成本的计算方法

企业成本的计算方法一般可以表示为：年资金与筹资总额和筹资费用之间差值的比例关系，或者可以表示为（筹资总额 × 年资金使用费率）/筹资总额 ×（1- 筹资费率），也可以用年资金使用费率替换筹资总额。

1. 个别企业成本的计算

个别企业成本指的是企业单独筹资方式的企业成本，主要包括长期借款资金成本、优先股企业成本、长期债券企业成本、普通股企业成本及留存收益成本。

（1）长期借款企业成本的计算

长期借款企业成本的计算方法可以用长期借款年利息 ×（1- 所得税率）/长期借款总额 ×（1- 长期借款的筹资费用率）。

（2）优先股企业成本的计算

优先股企业成本指的是企业以优先股的方式进行筹集资金的过程，在筹集资金的过程中所需要支付的各项费用。这些费用主要包括优先股股利和发行优先股股票时的发行费用等。其计算公式可以表示为：优先股每年的股利/优先股筹资总额 ×（1- 优先股筹资费用率）。

（3）长期债券企业成本的计算

债券企业成本在一般情况下指的就是企业申请债券发行的手续费、债券的注册费、债券的印刷费、债券的上市费等。长期债券企业成本的计算方法可以分为债券等价发行的计算方法和债券溢价或者折价发行的计算方法。

①在债券等价发行的条件下，长期债券企业成本的计算公式为：

$$P(1-f) - \sum [INT(1-T)/(1+K)^I]g - P/(1+K)^n = 0$$

其中，$P(1-f)$ 代表的是企业筹集到的项目实际需要的负债资金总额度，也就是固定资产与自有资产额之间的差值，即企业的负债资金净额度；n 代表的是项目的有效期限；I 代表的是企业对某一项目的固定资产投资数量的总和。

②债券溢价或者是折价发行的条件下，长期债券企业成本的计算。

在这种情况下,长期债券企业成本的计算公式可以表示为:

$(1-f)P- \sum \{Mi(1-t)+[(P-M)/n]T\}/(1+K)^t-M/(1+K)^n=0$

其中,P代表的是债券的发行价格,i代表的是债券的票面利率,M代表的是债券在当前的面值,n代表的是债券的有效期限。

(4)普通股企业成本的计算

①普通股企业成本的计算。一般情况下,普通股企业成本也称为股利折现法。其计算公式可以表示为:

普通股企业成本 = 预期第一年普通股股利/筹资总额(1-筹资费率)+ 股利固定增长率

但需要注意的是,普通股企业成本计算的前提是假设该企业有一个比较稳定的,并且会逐年增长的股份分配。因为普通股的股利分配是依据投资公司经营效益的情况而决定的,所以其股利的分配存在着较大的不确定性和波动性,普通股企业成本计算的只是一个期望的估计数目。

另一种情况是,资本资产定价的计算方法。其计算公式可以表示为:

$$K_c=R_f+\beta(R_m-R_f)$$

其中,R_f代表的是无风险报酬率,R_m代表的是市场报酬率,β代表的是第 i 种股票的贝塔系数。

②普通股企业成本计算方法的模型。普通股企业成本指的是企业在发行普通股票的时候所产生的各种费用(发行费、公证费及财产评估费)和支付给股东的股利等。普通股企业成本中支付给股东股利的情况比较复杂,因此企业成本的计算方法相对也就比较复杂。在现行的股票市场中,通行的四种普通股企业成本计算方法分别为:固定股利模型法、资本资产定价模型法、固定增长股利模型法及债券风险溢价模型法。

a. 固定股利模型法指的是股份公司采取的是固定股利政策,因此其公司每股股票每年都可以得到数额相等的股利。在这种情形下,普通股企业成本的计算方法和优先股企业成本计算方法是一样的。

b. 资本资产定价模型法指的是将股东预期的投资收益率作为企业的企业成本,这说明了同一个事物对不同对象来说有着不同的影响。股利对于企业的股东来说是投资所获得的收益,而对于企业来说,股利是企业的成本。资本资产定价模型法的计算方法为:

普通股企业成本 = 股票的预期投资收益率 = 无风险报酬率 + 某种股票风险程度的指标 ×(股票市场平均的必要报酬率 - 无风险报酬率)。

c. 固定增长股利模型法指的是股份公司采取的不是固定股利政策,

因此其公司每股股票每年的股利都会按照一定的比率增长。在这种情形下，普通股资金成本的计算方式可以表示为：

普通股企业成本 =[预期第一年的股利 / 普通股市价（1– 普通股筹资费率）]+ 普通股利年增长率

d. 债券风险溢价模型法指的是股票的收益风险比债券的收益风险更大，并且企业采取股票进行筹资的话，需要支付比债券筹资更大的代价。所以，股票资金成本可以用债券企业成本加上一定的风险溢价率来进行表示。根据以往的历史经验，风险溢价率通常在3% ~ 5%之间。

（5）留存收益成本的计算

通常情况下，留存收益指的是股东对企业追加的一部分投资。这些投入的资金是企业当年盈利的净利润中没有分配给股东的那部分股利。留存收益在一定程度上和普通股是相似的，股东也会要求对这部分留存收益收取一定报酬率。所以，留存收益也需要计算企业成本，计算方法可以按照普通股的计算公式，只是不需要再考虑企业的筹资费用。

值得注意的是，企业在进行筹集资金的时候，渠道和方式都是多种多样的，很少有企业在筹资时仅采用一种筹资渠道或筹资方式进行筹集资金。多种多样的筹资渠道和筹资方式就会导致企业成本的来源各异。在这种情况下，企业成本率就不能仅仅计算一种资本的成本率，而是应该计算各种来源资金在企业所筹集总资金中的比重，以这种比重计算其权数，通过对这些权数进行加权的计算，最后得出加权平均企业成本率。

$$加权平均企业成本率(K_w) = \sum(W_i K_i)$$

其中，K_w表示的是加权平均企业成本率，W_i表示的是第i种资金来源在企业总资金中的比重，K_i表示的是第i种资金来源在企业总资金中的比重。

2. 加权平均企业成本的计算

（1）加权平均企业成本的含义

加权平均企业成本指的是某企业的各种资本在其全部资本中所占的比重，这种比重可以采用加权的方式计算出其权数。这种加权平均企业成本的计算方法可以帮助企业确定投资项目的收益率，再决定是否进行投资的重要参考指数。

（2）加权平均企业成本的计算方法

加权平均企业成本的计算方法包括三种：账面价值法、目标价值法和市场价值法。账面价值法要根据企业的账簿和企业的资产负债表来确定权数。目标价值法指的是通过企业财务工作人员对股票、债券等的变动趋势，预计其目标市场价值，再以这些目标市场价值为权数计算加权平均企业成本的方法。市场价值法要依证券市场中债券、股票的市场交易价格来确定权数。

加权平均企业成本一般的计算方法可以表示为：

加权平均企业成本（WACC）=（E/V）×R_e+（D/V）×R_d×（1-T_e）

其中，R_e代表的是股本的成本，R_d代表的是债务的成本，E代表的是公司股本当前的市场价值，D代表的是公司债务当前的市场价值，V=E+D，E/V代表的是股本所占融资总数量的百分比，D/V代表的是债务所占融资总数量的百分比，T_e代表的是企业所得税税率。

需要注意的是，当我们计算某企业的加权平均企业成本的时候，各个成分的计算值要采用当时的市面价值，而不是其发行时的面值，因为这两者之间可能存在着很大的差异，这是我们在计算加权平均企业成本额的时候需要注意的一个重要问题，它关系到估算加权平均企业成本的准确性高低，对企业做出相关的财务决策有着十分重要的参考价值。

3. 边际企业成本的计算

边际企业成本指的是企业没增加单位资金而增加的那部分企业成本，它属于增量企业成本的范畴。通过计算边际企业成本，我们可以确定边际企业成本稳定的范围以及引起边际企业成本发生变化的筹资总额突破点，为企业作出决策提供参考。在进行边际企业成本计算时，首先要确定目标资金结构，并且按照这一资金结构确定不同筹资渠道与筹资方式的筹资总额；其次要确定不同筹资范围内的企业成本；再次要计算筹资总额的突破点；最后根据筹资总额的突破点，计算边际企业成本。

二、中小企业战略管理

对于当代企业发展而言,实现科学的战略决策是企业能够持续健康发展的重要保障,是企业抢占市场优势地位的重要举措。财务管理在企业战略管理中发挥着极为重要的作用,是企业实现科学战略决策的重要保障,而传统财务管理片面地将重点落在记账与数据管理方面,忽视了其在企业战略决策中的重要作用,导致企业发展严重受限,因此,企业的战略决策必须紧密结合财务管理,最大限度发挥财务预算等财务管理功能在企业战略决策管理中的重大作用。财务战略管理始于战略目标的确立,它是一个以环境分析为重点的连续性过程。

(一)中小企业财务战略的要素

1. 融资战略

因为在中小企业创办的初期阶段,融资成本通常比较高,企业面临着较大的财务风险,所以债权人对风险溢价筹款有着较高的要求,所以对于处于创办初期阶段的中小企业来说,其在选择融资战略时,最佳的融资方式并非负债融资。站在财务的角度来看,处于这一周期阶段的中小企业应税收益较少或者根本没有应税收益,所以即便选择负债融资战略,也达不到节税的目的。

处于创办初期的中小企业可以选择权益资本融资战略。如果创办初期的中小企业收益较低,并且对投资的需求较为迫切,那么可以选择采用零股利融资战略。当中小企业进入到成长期后,销售的增长速度加快,企业内部的现金流相对于创办初期阶段来说更加充裕,经营风险有所降低。对于处于成长期的中小企业来说,在制定融资战略时应该将重心放在对资本不足的弥补上,尽可能地扩大负债节税效应,减少资金缺口,避免盲目投资,制定相对较为稳定、健康的融资战略。当中小企业的市场份额趋于稳定、资金周转率较高时,说明企业已经进入到成熟期。这时企业可以选择负债融资战略,通过降低经营风险抵消财务风险。

2. 风险战略

中小企业在实施风险管理的过程中,制定的风险战略需要同时规避技术风险和市场风险。这就需要企业在制定风险战略时,加强对市场需求与下游问题的了解与分析,以此更加科学地、合理地评估和处理市场风险和技术风险。需要以企业竞争实力的增强为核心制定风险战略,促使企业可以在竞争激烈的市场中长期保持竞争优势。站在投资的角度来看,中小企业竞争实力的增强对企业具备的知识资本日益依赖。因此,中小企业应该将投资的重心倾向于人力资本与无形资产投资上。在对投资方案进行评价时,不单单需要考虑投资项目在未来产生的现金流量现值是否要比投资额现值大,同时还需要考虑项目投资风险的大小以及制定的投资方案是否与企业发展战略相符,是否可以有效地增强企业的竞争实力。另外,中小企业在制定风险战略时还需要考虑企业的筹资能力。企业是否具备较强的筹资能力直接关系着企业资金的获得,影响着企业的长远发展。

3. 利润分配战略

中小企业在制定利润分配战略时,应该以企业的可持续发展为重要出发点。

第一,企业应该加强对以往分配制度的改革,进一步侧重于人力资本的分配,通过员工持股制、期权制的制定与实施,调动企业内部工作人员工作的积极性与创造性。

第二,合理地选择股利分配形式和股利政策,将股东利益的保护作为核心,将企业的可持续发展作为目标。为此,中小企业需要在市场上建立起良好的企业形象,给予投资人员一定的回报,促使股价变得更加稳定,防止企业股价出现大幅度升高或者降低的情况。

第三,中小企业需要将部分利润保留下来作为企业内部现金流,增强企业的资金实力。

由此可见,中小企业在制定利润分配战略时采取正常股利和额外股利政策最为适宜,利润分配形式应该结合企业现阶段的现金流和投资机会来选择。

（二）中小企业财务战略决策方法

战略决策是指就能影响企业实现目标能力的战略问题所做出的重大决策,战略管理就是制定和实施战略决策的过程。

1. 财务管理决策过程

管理决策是一个全过程,这是由西蒙所创建的现代决策理论的重要观点。它意味着:决策不仅有一个方案选择的重要决断时刻,而且在此刻之前和之后都有大量工作要做,决策正确、有效与否,取决于决策全过程的工作质量,这一全过程必然包括先后有别、循序渐进的一些基本步骤或程序。为了保证财务决策质量,这些步骤或程序必须合理,符合科学要求。一般来说,决策过程包括以下五个基本步骤。

①探索环境,诊断问题或机会所在,确定决策目标。
②探索和拟定各种可能的备选方案。
③从各备选方案中选出最合适的方案。
④实施所选的决策方案。
⑤在实施中对原决策做出评价。

从决策的过程可以看出,财务决策过程是有反馈的动态过程。由于人们认识的历史局限性以及外部环境的不断变化,人们很难通过一次决策而一劳永逸地解决问题,需要在决策的执行中对原决策是否正确与是否持续有效做出审查,并往往由此导致对原决策做出某些必要的修正与补充,或制定新的决策,进而使整个管理工作形成"决策—执行—再决策—再执行"这样一个不断的反馈过程。不仅仅是上述基本步骤形成一个大反馈环,上述各步骤之间甚至一个大步骤之内的小步骤之间也同样会形成许许多多反复循环的小反馈环。

2. 决策目标与决策目标手段分析

财务决策所要实现的目的或所要达到的结果是衡量财务战略决策有效与否与优劣程度的基础。决策过程包括目标的确定(或选择)与方案(措施)的确定(或选择)这两方面。前者总是先于后者,故目标的确

第二章　可持续发展战略与中小企业财务管理

定是决策全过程的开始。目标系统是一个由总目标(或大目标、上层目标)逐层分解为具体目标(或称小目标、子目标、分目标、下层目标)所构成的一个多层次复杂体系。

（1）目标检验准则

了解决策目标系统的构造及其内外关系,是有效制定和实施财务决策的重要条件。在目标系统中最常见的是"目标—手段"结构,在此结构中,子目标往往是上一层次大目标的手段。目标手段关系的层次性结构既是实现目标分解和目标落实的前提,也是了解本决策目标受哪些更大目标制约的依据。在作决策时也有一些检验准则成为判断的依据,主要的决策目标检验准则有：

①目标的针对性。即决策目标是否针对所存在的问题,是否切中问题的要害,是否选中解决问题的突破口,或是否抓住发展的有利机会。决策目标是否有针对性,取决于作为决策前提的问题诊断或机会分析。

②目标的具体性。或称目标的可操作性。它意味着目标应当有个衡量其是否实现的具体标准。目标应通过分解、量化等办法实现其可操作性。

③目标的系统性。即从能使作为决策对象的系统处于整体协调并同其外部环境保持和谐均衡的最佳状态出发,全面考虑各方面的要求,让应当列入的目标全部列入,避免顾此失彼。

④目标的可行性。即所定目标应当具备实现的条件(包括资源条件、环境条件、信息条件、组织管理条件等),不能让目标成为美好的梦想或碰运气的赌注。

⑤目标的规范性。即目标不能违背已定的各方面规范(包括法律、制度、规章等),除非已经有把握地预计到某些规范将会改变。

（2）决策目标手段的应用

决策的方案是实现决策目标的手段,但决策目标通常也不是孤立的东西,它往往只是实现一个更远大目标的手段。因此,各种目标通常都是一种系列式的、层次式的系统中的元素,这种系统称为目标层次系统,亦称目标—手段系统。在这种系统中,目标与手段的划分只有相对的意义,整个系统的每个层次都可视为下一层次的目标和上一层次的手段,财务战略行为的整合性与一致性就是通过这种目标—手段系统实现的。由于目标—手段系统带有相当大的普遍性,它既是个人行为的特征,也是组织行为的特征,所以手段目标分析成为决策工作中普遍适用的一种方法。在企业的财务战略管理中,它主要用在以下方面。

①财务决策目标的落实与决策方案的探索。一个复杂决策的总目标往往比较笼统,不具有可操作性,需要把它分解为诸多子目标。这个总目标的实现有赖于这些子目标的实现,有时每个子目标还可以再分解为更细的子目标,越往下分解,子目标越具体,越具有可操作性,越便于找到有效的决策措施。

②寻求综合的价值尺度。当一个决策具有多个目标时,必然存在衡量各个目标实现程度的多个评价准则,这些准则甚至相互矛盾,这就会导致寻找最佳方案的困难。因此,只有通过手段目标分析才能找到这样的综合价值尺度。综合价值尺度不仅适用于多目标决策,也适用于单目标决策。对于后者来说,经营者和财务经理心中有了支配本目标的价值尺度之后,看问题就会站得更高而看得更远,可以避免这样的情况:因仅囿于具体目标的狭隘眼光,而使本决策同更高层次目标不相一致。

③决策过程的模拟。现在已有许多现代化的科学决策方法用来处理程序化决策问题,然而,在非程序化决策方面还缺乏有效的技术。现代决策理论为了探究非程序化决策的现代化问题,拟从决策过程的模拟中寻求出路,即寻找一种能细致地模拟人类解决问题的高级程序。现在已有一些决策学家(包括现代决策理论的创建人西蒙)与人工智能专家合作开发一种称为"一般解题程序"(General Problem Solving,GPS)的模拟程序。这个程序的核心思想就是手段目标分析。GPS离不开手段目标分析。以手段目标分析为核心的决策过程模拟,将给决策科学与决策实践带来革命性变化。

3. 备选方案与方案评选

(1)备选方案

发现、探索和拟定各种可能的备选方案,是财务决策全过程中的重要阶段,是制定财务战略的基础。在财务管理目标确定之后,往往可以找到同样可以实现决策目标的不同手段或措施,但反映这些手段或措施的不同方案,无论在代价、风险、副作用、时效性、可接受性等方面都不可能是完全等同的,总会有优劣的差别。经营者和财务经理的任务之一,就是从这些备选方案中选出其最好者或最满意者,这是现代科学决策的重要原则之一。

（2）方案评选

方案评选是财务决策全过程中十分关键的一个阶段,是指对拟定出来的备选方案的评价与选择。评价与选择的依据之一是方案的正确与否。但除非同决策目标背道而驰的方案应属错误的方案以外,其余的方案都不能算是完全不正确的方案,只不过它们在实现决策目标的程度,以及代价、时间、副作用、风险等方面有所不同而已,亦即只有优劣程度的不同。因此,在备选方案的评选中,正确与否往往不是问题的关键,相对的优劣才是问题的核心。

备选方案评选的基础是决策者或分析者的判断,而决策判断则包括价值判断与事实判断两部分。事实判断在于判明备选方案所赖以成立的事实依据是否真实可靠,以及以事实为依据的推理是否合乎逻辑。这属于判别真伪的性质,一般说来总是可以做出客观的检验。当然,决策方案中某些依据是建立在对未来事实预测的基础上,而未来事件往往具有不确定性,不可能做出绝对可靠的判断,这种判断带有很大的伦理成分,它体现了决策者的价值观。在备选方案的评选中,需要有一些具体的决策准则作为依据,尤其是在不确定性的情况下和在多目标(或多属性)的决策中,选定合适的决策准则尤为重要。

（三）中小企业财务战略管理的有效措施

1. 强化财务战略管理意识

中小企业在实施财务战略管理工作时,一定要注意强化财务战略管理意识,顺应市场的发展,树立起财务战略管理理念,这也是中小型企业实现财务管理水平提高和战略发展目标的必经之路。一方面,在强化财务战略管理意识的过程中应该紧紧围绕着以人为本的管理理念,企业财务管理工作人员需要将财务战略决定渗透到企业日常的各项经营活动中,并加强对财务战略管理工作的监督,还要注意协调企业内部各项财务的关系。另一方面,中小型企业应该从整体的角度树立起财务战略管理理念,不管是外部环境还是企业内部环境,不管是近期利益还是长期利益,均需要将其作为一个整体,只有这样才能够更加高效地运用人力资源和财务资源。

2. 重视财务预算管理

财务预算管理是企业实施财务管理过程中的一项重要内容，也是一种新型的财务管理形式。中小型企业在实施财务战略管理的过程中，应该将企业的长远发展作为重要出发点。一方面，企业应该构建科学的、完善的财务预算管理制度，明确各部门、各工作人员在财务预算管理中的职责，并规范其财务预算管理工作行为，同时制定完整的财务预算管理流程。另一方面，构建健全的财务预算管理考核机制，对各部门、各岗位财务预算管理工作实施的过程、实施的结果进行综合评价与分析，以此促进每一名工作人员均能够积极地参与到财务预算管理中。例如，某企业在"以销定产"基本原则的指引下，将预测销售作为重要切入点，编制了销售预算，并通过对期初存货和期末存货变动情况的分析，编制生产预算。同时，还在保障顺利生产的基础上编制各项费用、人工、材料预算，并加大了预算执行的力度，各项资金的支出均需要符合预算，对超过预算的情况必须进行审批，所以该企业财务状态一直较好。

3. 构建完善的财务战略管理体系

中小企业在实施财务战略管理工作的过程中，应该将企业的可持续发展作为财务战略管理的主要目标和重要出发点，将企业风险与现金收益之间的平衡作为管理的重点，站在财务战略管理的不同层面，主要包括融资战略、利润分配战略、财务风险管理等层面，构建完善的财务战略管理体系，并且在企业整个发展的过程中均需要实施可持续的财务战略管理模式。通过绩效评价机制、激励机制的构建，促使管理阶层和整体工作人员将企业效益最大化作为工作的重要出发点与落脚点，以此实现企业的可持续发展。

在可持续发展理念的指引下构建完善的财务战略管理体系时，应该将企业可持续发展能力的增强作为战略管理的一个重要目标，可持续发展能力实质上就是竞争实力和企业适应市场环境的综合能力。这样才能够实现企业近期利益与长远利益的协调与统一，才能够将战术目标和战略目标有机结合在一起。为了更好地应对金融危机，中小企业在构建完善的财务战略管理体系时，应该将企业偿债能力、筹资能力的增强以

第二章　可持续发展战略与中小企业财务管理

及企业的长远、安全发展作为主要目标。合理地安排企业资本结构,以此为企业的可持续发展奠定良好基础。企业资本结构主要包括三类,分别为稳健的资本结构、低债务的资本结构、高债务的资本结构。若想实现企业的持续、安全发展,应该选择采用稳健的资本结构。当然,对于不同的企业来说,应该结合企业自身的盈利能力和行业特点来选择资本结构。

4. 制定市场化财务战略

中小企业在制定财务战略时应该确保其与企业所处的市场环境相适应。企业发展资源不单单是指资金,同时还包括能力。中小型民营企业的竞争优势主要表现在企业的独特资源和与市场环境相匹配的战略方式上,其直接关系着企业财务战略的制定与落实。

实质上战略管理就是对资源进行合理配置。如果中小型企业缺乏市场化财务战略,通常需要借助个人因素或者政治因素对资源进行分配,这就很容易在运行与发展的过程中出现超过经营资源能力的行为举动,盲目地扩大企业的经营资源。在金融危机不断蔓延的背景下,国内中小企业的发展受到较大的冲击,很多企业出现资金流动风险。为此,企业应该根据市场发展的实际情况与趋势,制定市场化财务战略。

中小企业在制定市场化财务战略时,应该全面分析企业内部和外部的影响因素,并结合企业发展战略的需求,合理地制定财务战略目标,企业管理阶层在作财务决策时应该将其作为决策的重要依据与方向。对于中小企业来说,经济效益并不是企业发展的全部财富,企业若想增强自身的竞争实力,就需要在提高营业额、市场占有率的同时,提高技术水平与客户的满意度等。例如,某中型企业财务状况较好,并且现金流充足,具有较高的资金运营水平,为此该企业在实施市场化财务战略时,开始扩大投资规模,对外进行了大规模投资、兼并和收购,企业营业收入快速增加。

5. 加强对财务制度的建设

财务制度是中小企业开展财务战略的基础,中小企业要结合自身管理的实际情况,建立一套操作性强的财务管理制度,并针对企业经营的各阶段实际特点,落实财务制度的具体规定。财务制度中需要明确投资、筹资等工作的具体标准。同时,中小企业需要在优化企业财务管理的基础上,制定财务监督制度,针对企业管理过程中各项工作对财务规定的落实情况进行监督,对于企业开展财务制度的合理性进行评价。最后,中小企业在制定财务制度的过程中,要求管理人员站在企业战略的高度,以企业的生命周期为尺度分析管理制度,对企业的各项财务工作进行优化,促使企业内部各项财务工作按照财务战略的规划开展。

第三章 可持续发展战略下中小企业的预算管理

随着现代社会的发展及科技的进步,全球竞争已经到了白热化的阶段,在这种背景下,国内企业被卷入了这种激烈的你争我赶之中,在发展目标、管理水平、人才培养等方面展开了激烈的竞争。想要在竞争中脱颖而出,切实提升财务管理水平,企业必须采取各种措施去改进当前的财务管理体制机制。企业提升财务管理水平的关键在于提高资金的使用效益,节约成本,加强财务预算。本章主要研究可持续发展战略下中小企业的预算管理。

第一节 可持续发展与中小企业预算管理目标

一、企业预算管理

在新经济发展的大环境下,企业通过对先进硬件平台的建设,同时运用云计算的强大分析能力,随时监控企业管理过程的执行情况,及时知晓企业的最新动态,发现企业目前存在的短板,有目的地进行计划调整,将预算用于急需的地方,以方便企业战略部署。

(一)财务预算的概念

财务预算是现代企业重要的研究内容之一,是企业得以实现战略目标的重要保障,它在企业的经营及发展中具有十分重大的意义。通过科学、合理的财务预算,企业能够顺利地规避风险、增加利润,提高自身的综合竞争力。此外,财务预算也是全面预算体系的有机组成部分,是一种以特种预算编制与业务预算为前提而编制的综合预算,又称为总预算,主要包括预计财务报表和现金预算。编制方法通常采用增量预算和零基预算、固定预算和弹性预算、确定预算和概率预算。

在进行编制预算的工作时,为了使各个分项预算的编制紧紧围绕企业的战略规划与经营目标,企业往往采用"先入为主"的策略,也就是事先拟定出一个预算编制的总目标,作为各个部门拟定分项目标时的参照。预算编制总目标的拟定,不仅为企业全面预算的编制奠定了基础,还为审核、分析、修订及平衡全面预算提供了依据。

在编制预算的工作中,经过财务预算的系统规划、全面协调和平衡,将全面预算的各个组成部分有机组合,使全面预算的每一部分都符合企业预算期的经营总目标。当财务预算与其他预算发生冲突时,其他预算必须服从于财务预算。由此,财务预算对其他预算而言有着较强的控制及约束作用。①

(二)中小企业全面预算管理的重要性

中小企业在市场经济中发展速度快、潜力大,经营方式灵活,实施全面预算管理工作更具有优势。全面预算管理有助于中小企业中长期战略目标的实现,通过预测未来一段时间内的经营成果,有利于防范风险,合理配置企业资源。同时,经过预算执行与控制能进一步助力企业在经营和管理过程中注重精细化管理,降低企业运维成本,提升经济效益,促使企业竞争力得到全面提高。

二、中小企业全面预算管理的困境

中小企业在运用全面预算管理时受人、财、物等方面的制约,对全面预算管理内涵理解不清,缺乏专门的组织机构主导编制适合企业自身发展的全面预算指标,预算执行得不到有效保证,评价考核体系缺失,造

---

① 于广敏.企业财务管理与资本运营研究[M].长春:东北师范大学出版社,2016:113.

成了全面预算管理实践的不少难题。

(一)对"全面"内涵理解不透

首先,中小企业的管理层缺乏对全面预算管理知识的系统培训,认为就是将企业各种固定非固定支出列示,预测财务报表,全面预算管理演变成仅由财务部主导参与的一项部门工作,脱离了全面预算管理中"全员参与预算管理"的理念。

其次,中小企业的管理层对于全面预算管理的指标多注重利润和现金流,强调在上一年基础上节约各项日常经营活动的开支,而未考虑全面预算管理中"业务范围全面覆盖"的要求,造成企业各项资源无法充分配置和筹划。在实际工作过程中,大部分中小企业的全面预算简单做成了资金计划,在费用支出上反复揣摩和删减。

最后,中小企业由于规模较小、资源有限、人员配备不足,往往将全面预算管理重点仅仅放在预算指标编制和汇总环节,忽视"管理流程全程跟踪"的过程管理,缺乏预算执行、分析和调整考核等动态管理活动,导致最终无法实现预算目标,使全面预算管理成为"空中楼阁"。

(二)全面预算编制过程粗放

第一,中小企业受限于自身管理水平,管理者经验不足,思维方式传统,在编制全面预算时仅要求财务部牵头组织收集数据,进行简单加减汇总,缺乏专门的机构和专业的人员进行指导和分析,导致编制总体原则失去科学合理性。

第二,主导编制全面预算的人员自身专业素质不高,对不同业务模式下全面预算编制方法不清楚,无法为不同的经营活动提供适应性编制方法。

第三,历史参考数据口径不统一,对预算科目理解的偏差,资金支出时间性差异,都会影响参考数据的可靠性,导致业务财务基数不等,使预算结果偏差较大。同时,受制于网络信息化管理水平,在数据收集整理过程中,中小企业仍采用传统的办公软件,进行人工信息录入,效率和准确性大大降低。

第四,中小企业管理者权力相对集中,容易自上而下将战略目标分解成部门的预算指标,虽然能从企业全局出发,实现资源合理配置,但这种权威式编制方法使中低层级人员只能被动接受,缺乏责任感和主动性,尤其在成本费用方面,担心执行率太低,而只管"完成预算",并不综合考虑必要性和合理性。

(三)全面预算执行偏离目标

如果说全面预算管理中预算编制是将企业战略目标细化成一定时期内的预算指标的话,那么预算执行则把预算目标变成现实的方式,包含预算控制、分析以及调整、评价考核程序。

首先,中小企业内部缺乏针对全面预算管理活动的内控制度,将预算编制、执行等流程规范化。中小企业管理者意识到全面预算管理工具对企业经营活动的重要性,对其编制过程花费巨大精力,但忽略了将其长期规范化的引导,缺乏行之有效的制度约束全面预算全流程。

其次,中小企业在实施全面预算管理过程中,缺乏对预算目标细化和动态反馈的过程,没有针对全面预算管理工作落实具体的控制规范,使全面预算管理工作在实践中发挥的效益大打折扣。

再次,在预算执行过程中,缺乏及时的预算分析工作,导致经营成果与预算目标之间差异较大,各部门之间相互推诿,却不组织深入分析差异原因。

最后,中小企业在具体的经营活动过程中,缺乏针对国内外市场变化对预算进行调整的能力。当市场出现新的机会时,往往觉得全面预算管理调整、编制程序太烦琐,不能有效地针对变化做出预算调整。

(四)全面预算缺乏考核体系

首先,中小企业在运用全面预算管理时重点往往放在预算编制上,希望做出能让领导满意的预测财务报表,没有科学合理的考核指标,导致预算目标完成出现问题时互相推卸责任。

其次,即使有考核指标,但缺乏客观评价,导致考核结果出现偏差,却也无法对考核者做出惩罚,这就大大打击了基层员工的积极性。中小企业的管理者大多有绝对的话语权,容易靠经验意识判断。

再次,考核不及时,奖惩力度不大,考核流于形式。对预算执行效

第三章　可持续发展战略下中小企业的预算管理

果缺乏差异分析,不能为后续经营活动甚至下期预算编制提供较好的基础。

最后,考核范围不全面,很多企业往往仅针对业务部门的部分财务指标进行考虑,忽略了业务指标,同时对全面预算管理组织工作也缺乏考核。

三、可持续发展战略下中小企业预算管理的策略

针对上述中小企业全面预算管理过程中出现的问题,为了使全面预算管理工具更好地服务中小企业,促进中小企业的长远发展,现提出以下对策。

(一)提升对全面预算管理的认识

1. 全员参与预算管理

全面预算管理不仅仅是财务部门的工作,中小企业所有部门和人员均应积极参与。中小企业在确定实施全面预算管理后首先应当组织相关知识的培训,使公司全体员工对全面预算理念有基本认识,并形成与公司目标一致的共识,宣传全面预算管理制度主导全面预算管理工作的中高层去行业内示范企业参观学习先进的管理方法。其次,中小企业管理者应将全面预算长期指标分解到年度、部门甚至员工个人,将部门主导、全员参与的主人翁意识投入到全面预算管理工作中,保障全体员工积极参与和配合支持。最后,中小企业应该成立专门负责全面预算管理工作组,即使达不到配置专业人才的理想状态,也应该在部门设置专人主导。部门内部之间、不同部门之间共同讨论和学习,定期交流分享全面预算管理工作过程中出现的难点与经验,充分调动全体员工参与预算管理的主动性。

2. 全业务范围纳入预算管理

全面预算管理不能仅关注企业日常经营活动,中小企业更应该在有

限的资源下覆盖企业人力、财力、物力,以及研发、供应链、生产、销售等各个方面。管理者和决策层在关注财务指标的同时也应该掌握非财指标的情况,从而实现企业全方位的资源配置和经营效率提升。如中小企业在预算编制时以销售预测分析为基点,同时也要对市场环境、供应链前后端产业状况、国家宏观政策、目标客户需求、竞争对手实力等进行综合研判。财务预算管理人员要深入了解业务流程,业务部门也要注重同财务部门的协调配合和充分沟通,达到预算管理的"全面性"要求。

3. 全管理流程跟踪反馈

全面预算管理是一个持续进行的过程,中小企业在实施全面预算管理时不能仅停留在预算目标编制审批等环节,还需要对预算执行过程中的情况进行监督,及时分析预算执行结果,调整控制后续环节的经营活动,并通过预算考核等手段促成预算目标的完成,使事前计划、事中控制、事后分析不流于形式,便于及时了解企业综合能力,使企业短期、长期战略目标得以实现。

(二)选择科学合理的预算编制流程

首先,中小企业管理者应充分考虑自身发展阶段的特点,结合长远战略目标,选择适合自身的编制方法。针对不同业务类型,充分运用零基预算、增量预算和固定预算等,同时按照自身企业发展阶段来选择预算编制的重点模式,如企业初创期应重点关注利润和现金流。

其次,预算编制业财指标应以实现企业战略为出发点,各部门将企业的战略目标逐层分解,具体落实到日常工作中,让员工在自己的岗位上促进全面预算管理工作的开展。

再次,充分利用信息化系统,集成企业现有各类办公软件,提取不同时期的各项数据供相关部门和决策者参考,改变传统的表格编制方式,在信息化系统中统一报送,既能提高数据填报时的准确性,又能利用信息化技术的强大功能,进行预算指标结果的汇总和管理类报表的展现。

最后,中小企业在全面预算编制过程中应该采取"上下结合"的编制模式,将各个层级管理者以及特定领域拥有专长的员工组成专项小组,与高层管理者就战略目标充分沟通后,传达组织各层级人员根据分解后的目标编制预算初稿,各层级之间双向沟通后提出修改意见,直到最后形成最终预算。

(三)加强预算执行过程控制

全面预算管理确定实施后,最关键的步骤在于执行。中小企业在践行预算目标时,需要对预算执行过程中的各个方面进行监督和管控,否则难以实现预算目标。

首先,预算控制应属于中小企业内部控制体系的重要组成部分,制定预算执行审批、分析反馈甚至是调整机制,使预算执行过程中的各项活动"有法可依"。

其次,不同行业、不同发展阶段的中小企业在执行过程控制时必须抓住重点及时反馈执行结果,同时对一些非日常经营活动的重大项目必须进行刚性控制,而日常经营活动应尽量简化流程,使其总额可控即可。

再次,预算执行过程中应及时根据不同情况分析反馈预算执行情况,中小企业设立专职人员及时汇总收集实际执行数据、历史同期数据、行业标杆数据等信息,针对影响公司战略目标的重大项目计算差异和运用科学方法进行多维度原因分析,以利于企业管理者及时调整下一步行动计划,并作为下一次预算编制的影响因素。

最后,中小企业面对内外部环境或者经营战略发生重大变化时,应及时组织评估原有预算是否适应新的市场环境,做出适合企业长期发展战略的调整。预算调整也应遵循内控制度中审批调整制度,秉着谨慎原则,严格控制调整频率,注明调整原因,客观、合理、可行地实现经济最优化调整。

(四)建立健全预算考核评价体系

全面预算管理考核是对全面预算管理工作全流程进行一种综合评估的动态化管理过程,是对中小企业预算执行结果的检查、考核和评价,为改进预算管理提供建议和意见,因此企业应建立健全预算考核评价体系,为企业达到业绩成果实施奖惩和激励提供依据。

第一,中小企业全面预算考核应包括对全面预算目标完成情况的考核,同时也应将全面预算组织工作纳入考核范围。对预算目标的考核,是提高公司绩效的重要内容，同时也有利于掌握预算目标与执行的偏差情况，及时调整经营活动，精修业财指标。

第二，中小企业应该合理设计考核体系的各项指标，局部利益服从于全局利益，定性定量分解指标，进行定期和不定期考核。

第三，考核遵循公开、公平和公正原则，中小企业应在编制预算的同时公开各项指标的考核标准，考核与被考核者应该兼顾利益回避原则，保障考核的公平公正，考核结果应在评定之后及时公开，并且接受被考核者的问询。

第四，中小企业在进行全面预算考核时应该将员工个人绩效、部门绩效以及公司绩效进行综合评比，依据不同权重得出员工绩效系数，充分调动员工积极性，使其充分发挥主观能动性完成自我绩效，团结协作完成组织绩效。

第五，中小企业绩效考核应该注重时效性，针对考核结果的奖惩应该立即兑现，有利于提高员工对预算指标的认同度，并通过考核结果总结分析预算管理过程中出现的问题和不足，及时进行修正。

全面预算管理是为企业长久稳定地发展赋能，中小企业在实施全面预算管理时要加强对"全面"内涵的理解，让全员参与到预算管理中，深入认识实行全面预算管理的实用价值，将公司经营链条上所有环节都纳入预算管理中。结合自身发展实际情况，选择科学合理的编制方法，不断提高预算编制质量，强化预算执行控制，规范预算执行分析，建立健全考核评价体系，才能实现企业管理水平的提升，也为企业核心竞争力的形成保驾护航。

第二节　可持续发展战略下中小企业预算的编制

一、中小企业的预算编制管理和经营分析

中小企业生产经营的目的就是盈利。预算编制管理以实现中小企业利润最大化为目标，包括中小企业各项经济决策和业务活动，是一种全员参与、全方位的、全过程的内部控制的预算机制。在中小企业管理工作中，预算编制管理是中小企业预算编制的重要工作之一。建立完善

第三章　可持续发展战略下中小企业的预算管理

的预算编制管理制度有利于中小企业管理者制定合理的决策,进而合理分配资金,减少资金损失,降低财务风险。但是,目前部分中小企业在预算管理过程中遇到了一系列问题,需要进一步进行改进和完善,从而促进中小企业长远发展。

(一)中小企业预算编制管理概述

预算编制管理是中小企业组织管理过程中重要的管理方法,实施预算编制管理是中小企业规范化管理的措施之一。预算是有利于中小企业制订并协调短期经营的计划,是资源分配的基础,是与其他部门沟通和授权的工具,是一种激励的手段,指导着中小企业的经营和控制,是业绩测评的基础。而且,在实行预算管理时,中小企业可以利用不同的考核方案形成有效的绩效管理方式,以调动员工的工作积极性,推动预算管理工作的开展。总之,预算可以帮助中小企业、部门、个人达成预期目标,同时还有利于降低中小企业的经营风险,推动中小企业向着更好的方向发展。

(二)中小企业实施预算编制管理的重要性

首先,实行预算编制管理有利于提高中小企业的经济效益。中小企业根据不同的业务分别进行分析、预算,可以有效控制成本支出,加强对财务支出的监控。

其次,实行预算编制管理有利于优化资源配置。中小企业根据自身具体业务进行分类,然后根据不同的种类合理分配资金和资源,能够更好地实现资源的有效分配。中小企业加强预算编制管理能够提高预算编制的合理性和可行性,调动中小企业各部门参与预算管理工作的积极性,强化各部门之间的交流和合作,使中小企业预算工作得以顺利开展。

最后,实行预算编制管理有利于提高中小企业的管理绩效水平。在预算编制管理的过程中,中小企业根据各阶段完成的业绩进行分析和评价,可以为日后业务活动目标的调整提供依据,并根据不同的预算做出相应改进。

（三）中小企业预算编制管理存在的问题

1. 预算编制不合理

部分中小企业的财务人员在编制预算时往往根据业务经验来判断，或是根据上一个会计周期的结果来判断，而没有基于中小企业动态发展情况测算预算金额，且财务部门未能与相关领导沟通，混淆了预算编制与资金计划编制，造成预算数据不全面、不准确，进而导致预算编制工作无法得到进一步落实。此外，在编制预算时，部分中小企业其他相关业务部门的参与度不高，不同部门之间的配合度也不高，仅凭以往的数据和财务人员的经验得出预算编制数据，导致预算存在不确定性和不合理性。

2. 预算编制方法较单一

在预算编制过程中，预算编制出现问题的主要原因就是没有合适的预算编制方法，预算编制方案较为单一。当前，部分中小企业基本上是根据年度编制的固定预算法来编制预算的，这种预算编制方法较为简单，是以年度为时间限制编制预算的，无法如实地反映出中小企业跨年度的经济活动所需资金，预算执行过程中存在诸多不明晰、不确定的因素，如果只采取固定预算法，可能会导致预算与实际情况反差较大。

3. 信息管理不到位

预算编制管理是一项复杂的工作，而且很多中小企业没有意识到预算信息化管理的重要性，信息化水平不高，没有专业的软件进行预算管理。即使部分大型集团中小企业已经开始使用预算管理软件，但很多中小企业先让预算编制人员进行人工录入，再用预算管理软件录入预算，最后进行汇总，软件的功能和权限有限。加上预算编制管理工作极其复杂，所涉及的人员多、部门多、业务种类繁多、工作量庞大且复杂，很容易出现错误。

第三章　可持续发展战略下中小企业的预算管理

4. 监督管理不完善

中小企业要想实现长远发展,就应建立适当的监督和考核制度,但是在日常工作中,部分中小企业往往会忽略监督管理的重要性,在一定程度上影响了中小企业的发展。现阶段,部分中小企业尚未清晰地认识到预算编制管理的重要性,未能深入分析财务预算,导致预算无法发挥出真正作用,不能达到良好的效果。

此外,部分中小企业也没有制定完善的绩效考核制度,未能对员工进行严格考核,导致工作人员工作的积极性不高,影响了工作效率和工作质量。加之部分中小企业没有结合自身实际情况建立相应的监督体系,不能保障考核结果的准确性,导致其他部门的工作效率和质量不高,严重的甚至会影响中小企业的经济效益。

5. 评价机制不健全

从中小企业的预算编制管理工作现状来看,部分中小企业并没有制定健全的管理制度,也没有建立健全的评价机制,而且现有的管理方法与手段也比较落后,整体实施过程缺乏科学性和检验性,加上没有制定完善的评价监控措施,一旦出现单一事后控制行为,就会影响中小企业的正常运转。最关键的是,在开展预算分析工作的过程中,需要多部门共同参与,共同分析财务数据,但由于评价机制不健全,致使中小企业只能简单地对比分析财务数据,无法高效运用数据。

(四)中小企业预算编制管理的优化措施

1. 科学编制预算

中小企业要想加强预算编制管理工作,就要做好市场调研工作,充分了解市场环境,并做好分析和预测,尤其是要收集好相关数据,以便财务部门科学编制预算。科学的预算编制是需要多部门共同参与完成的,要想做出科学的预算编制,中小企业还要做好与经营性业务部门的信息交流工作,获得一手的成本数据,从而完成成本预算,为其他部门提供合理的数据预测,进而提高预算编制的准确性和科学性。此外,中小企业需建立健全高效的预算反馈和报告机制。中小企业的财务部门需分析预算的执行情况,找出差异和重难点,细化预算的每一个环节,并制订经营计划。如果中小企业的战略发展有所变化,或者所处的外部环境发生变化,中小企业要及时调整预算,减少损失。

2. 创新预算手段

中小企业要想做好预算编制管理工作,必须重视预算编制管理的重要性、系统性和全面性。一方面,中小企业要扩大预算编制管理的范围,结合自身生产经营和经济活动,创新预算编制管理的方法,扩大预算覆盖范围;另一方面,中小企业在制定发展目标时要确保不同层级目标一致,然后将预算目标落实到具体的部门、具体的职位、具体的人员上。中小企业还要借鉴同行的预算方式,积极创新、积极把控,协调和统一不同部门和不同人员的目标,保持总体目标的一致性。此外,中小企业要不断提高自身预算编制管理水平和效率,及时沟通,确保各部门能在预算的编制、审核、执行等环节做好本职工作,从而开展中小企业高效率的管理活动。

3. 加强信息化建设

中小企业应大胆创新,将现代化信息技术和手段运用于预算编制管理工作,从而实现科学的、系统的、具体的预算编制管理。中小企业可以利用信息化管理方式和计算机网络技术建立完善的信息化管理系统,严格监控和监督预算的全过程,包括预算编制、执行实施、评价分析等环节,确保预算工作有序进行。

首先,中小企业可以应用信息技术收集中小企业历年来的经营数据和发展历程,构建信息共享平台,建立高运行效率的数据库,以供中小企业各部门之间交流与协作,避免出现"信息孤岛"等现象。

其次,中小企业财务部门和网络部门需合力汇总和分析预算相关数据,去除不合理的、不可控的不良因素,规避潜在风险。

再次,中小企业需应用信息技术协助预算编制审核,并按照规定的制度进行严格监督,如果中小企业在经营过程中出现问题,需及时调整和优化预算备案。同时,中小企业需应用信息技术和平台科学、合理地分析预算执行和实施情况,并做好相应的反馈工作,以规避不合规的行为。

最后,中小企业要加强对预算编制管理工作的审计和监督,利用网络实施监督预算方案的执行和实施情况,一旦出现预算松弛、预算效果不理想的情况,要及时预警,并通知相关负责人,必要时需要对其进行严格的惩罚,以保证预算的公平、公正,杜绝虚假和伪造,促进中小企业预算编制管理工作的健康开展。

4. 落实相关监督管理工作

中小企业要重视监督管理工作,成立预算监督小组,完善现有的规章制度,并根据中小企业发展方向不断调整和改进预算编制管理方案,严格制定监督和管控制度,充分发挥预算的关键作用。同时,中小企业要加强各部门之间的监督,争取做好全面预算工作,保证预算工作顺利开展。一旦预算执行与预算编制存在差异,监督部门就应该充分发挥自身的职能作用,及时发现、及时预警、及时汇报和反馈,并提醒有关部门及时调查并进行有效处理。如果遇到与预算编制严重不符的情况,监督部门要及时调整和改进,保证预算工作正常进行,然后再针对相关部门和人员实行问责制度,以端正工作人员的工作态度,提高工作人员的工作效率。中小企业需要调动工作人员的工作积极性,促进预算工作的顺利进行,进而促进中小企业健康发展。

5. 健全管理评价机制

中小企业要想提高预算管理水平,就要建立健全的管理评价机制,采取业绩评价的方式来考评中小企业各部门、各层级的具体工作,借助中小企业公众平台树立标杆,让所有工作人员都能时刻学习,不断寻找自身与标杆之间的差距,意识到自身的不足,才会理性求进步、谋发展。同时,中小企业也可以制定一系列的奖惩方案,用具体的物质来体现客观的评价标准,以有效调动工作人员的工作积极性,促使预算管理工作的开展更加合理、更加科学。中小企业预算编制管理十分重要,关系到中小企业能否正常运转和能否实现长远的战略目标,更是建立现代中小企业制度的必然选择,也是保证中小企业获得更多经济效益的重要基石。然而,目前部分中小企业在经营发展过程中存在各种各样的管理问题,需要中小企业结合当下环境和自身的发展实际创新预算管理理念,加强监督和评价,完善预算管理机制,提高整体管理水平,促进未来发展。

二、创新中小企业预算编制模式

全面预算管理是委托代理关系在管理手段上的高度升华,有助于中小企业实现精细化管理,提高经营管理水平,推动实现战略目标。随着市场经济的发展,全面预算管理已被各行各业经济组织广泛认可和接受,并在生产经营过程中得到不同程度的应用。中小企业在调动资源、成本负担和规范治理方面较大型企业存在不少差距,落实全面预算管理要求时面临更多困难,不能将教科书和大型企业全面预算编制模式生搬硬套在中小企业身上。需要结合中小企业的具体情况,为那些一把手没有精力去完全掌控的中小企业,有针对性地提出一套既可以做到科学筹划、合理配置资源,又可以降低编制难度、提高编制效率的预算编制模式,以推动中小企业后续预算相关工作的开展,让预算活动为企业目标的实现提供合理保证。

(一)总体思路

全面预算主要包括业务预算、专门决策预算和财务预算三个部分,新的中小企业预算相较全面预算而言,仅保留已发生或基于目前状态下一步很可能会发生交易或事项相关的业务预算、边际产能测算、专门决策预算和财务预算中的现金预算,相关预算编制紧紧围绕上述部分展开,最终以现金预算统筹一切。

(二)业务模式现金流分析

测算现有资源约束下可提供产品、服务的边际产能以及未来产能扩张或收缩程度,通过分析企业战略规划和业务模式的现金流特征,梳理按单位合同额计算的先期营运资本投入金额、后期资金回笼周期,计算

第三章 可持续发展战略下中小企业的预算管理

整体应配套的先期营运资本投入。

(三)编制原理和内容

建立在持续经营的基础上,预算编制分为经营预算和投融资预算。

1. 经营预算编制

经营预算编制分为年初编制部分和年内滚动调整部分,年内滚动调整部分制定周期由企业根据所属行业特点、经营环境和自身发展阶段、商业模式等影响因素自行确定编制周期;企业不一定按季度或半年为周期调整预算,也可根据企业经营资金的平均周转期来确定,调整周期建议不小于一个季度。

年初编制部分:年初预算编制支出内容要区分为确保企业正常运转所需固定成本投入和为实现边际产能所需先期营运资本投入两个部分。固定成本投入按月预测全年所需支出;先期营运资本投入按提供产品服务分类中最短资金周转期预测(周期小于一个季度的,按季度预测)。这里区分三种情况:

第一种情况:企业目前的资金能同时确保一个完整年度的固定成本投入和超过边际产能的先期营运资本投入。属于这种情况的企业,其短期内资金充裕,除研发投入和资金理财情况外,在考虑扩张产能、满足市场需求时,在资金安排使用上,不宜让剔除固定成本投入后的剩余资金接近扩张后边际产能所需的先期营运资本投入,还必须预留一定的活动资金,预防不可预测的突发情况。

第二种情况:除第一种资金情况外,企业至少能同时确保一个年内最小调整周期所需固定成本投入和确保边际产能所需先期营运资本投入。属于这种情况的企业,应结合自身风险偏好,合理安排研发投入和规划融资,调配用于固定成本和先期营运资本投入所需的资金。

第三种情况:除第一、二种资金情况外,在一个年内最小调整周期中,企业均无法得到同时确保固定成本投入和先期营运资本投入的,假定其不可持续经营。

编制预算时,仅预测已发生或基于目前状态,下一步很可能会发生的交易或事项对企业以后现金流的影响,综合上述有关收支数据后,分月份形成现金预算表,计算每期末剩余现金额度;尚未发生或基于目前状态,下一步不一定能发生的交易或事项及其影响不予考虑。若有遗漏支出预算、发生坏账或不能按期回笼资金等情况,判断是否对企业现金流产生重要影响,根据重要性原则,进行预算调整。

上述"第二种情况"中,年初编制部分现金流不足以支撑运营一个完整年度的企业,可按剩余现金额度且能有效保障企业运转的月份数为周期,作为下一次预算周期编制的起点。通过现金预算表,企业管理层可充分了解企业自身能发挥的最大能力,指导开展营销和生产工作,确保不做出超出自身能力范围的不恰当决策,进而影响企业持续稳定经营;确保及时发现可能存在的有关风险和隐患,进而采取控制措施,使企业行稳致远。

年内滚动调整部分:除前期编制或调整预算时已考虑的资金收支外,基于年内本次滚动调整时间节点,预计很可能发生新增交易或事项的现金收支,相应增减剩余资金额度。重新评估在既有资源约束下,预测边际产能、配置企业资金,按前述方法,计算新的现金预算表。

2. 投融资预算编制

应根据重要性原则,结合企业战略和目前的实际情况,制定相关投资标准和融资策略,标准以上的投资纳入投融资预算编制,低于标准的则纳入经营预算编制。投融资预算强化一事一研,包括但不限于可行性研究、具体方案等,并遵循有关预算管理的一般要求。投融资预算要与经营预算年度或滚动编制中的可使用剩余资金额度相结合一并考虑。投融资预算可以定期开展也可适时开展,具体由企业自行确定。

综上,预算编制的取舍,从内容上看,"取"的是已经发生的交易或事项对企业未来现金流的影响,和在此基础上测算企业的边际产能及相应现金流量变化,"舍"的是全面预测未来可能发生情况所产生现金流对企业的影响,特别是"对市场的估计";从形式上看,"取"的是表现形式简化为现金预算表和相关底稿,"舍"的是全面预算编制的完整路径、套表和相关底稿。预算编制主要体现企业面临的压力、具备拓展市场的能力,强调企业经营的可持续性;即基于企业目前拥有或者控制的、预期给企业带来经济利益的资源和运营成本的构成,通过资金的使用安排,反映未来企业可承受产品和服务缺乏市场需求所带来的压力,反映

第三章 可持续发展战略下中小企业的预算管理

现有资源对企业拓展新市场和进行新投入的支撑度,反映尚未履约完毕合同继续执行的可行性。

(四)具体操作和方法

无论年初编制部分还是年内滚动调整部分,都要确定是否开展有关投融资活动;若开展有关投融资活动,就需要将该活动很可能会发生的现金流量变化纳入上述两个预算编制内容。鉴于投融资预算编制原理和内容已强调要遵循有关预算管理的一般要求,其编制按既有规范办理即可。以下重点阐述经营预算编制的具体操作。

1. 年初编制部分

在充分收集行政、人资、销售、供应、研发技术有关材料的基础上,由财务部门会同其他部门共同判断已发生或基于目前状态下一步很可能会发生的交易或事项,按往年或基于年初情况予以估算成本费用并按月计量相应支付金额,综合有关数据后,形成现金预算表,得到每期末剩余现金额度。若企业可使用资金不足以支撑一个完整年度,应特别提示和强调目前资金最大能保证企业继续运营的月份数。

具体开展测算工作时,收入部分的预计,按合同约定、结算客户信用状况、宏观环境及履约进度等因素综合判断。支出部分的预计,开展行政事务所需通信费、办公经费、物业管理费、咨询费等费用基于现有规模或合同约定较容易预测;人力资源按现有薪酬政策结合明确的从业人数变化,可估算工资、福利、社保等人工成本并适当考虑人力市场薪酬和政策调整(较往年形成规律性的调整,比如社评工资)带来的影响;固定资产和无形资产的运维费通过相关合同规定或资产状态测算支出;已立项研发和技术性支出(不包括人工成本)按有关进度予以估计;按一定比例提取确保已有市场所需开支的营销费用;尚未履行完毕的销售合同,按月计量继续执行还需产生的新投入;根据上述情况预计可能缴纳的税费等。

实际应用预算编制数据时,除预算内正常控制外,年初编制范围内有关合同的预算外回款、应纳入但未涵盖且已实际支付的资金应补充记录预算外或超预算范围的情况,如实际支付的退货款、新增市场拓展费用、新增采购产品和服务的支出、新增人工成本及上述情况产生的相关税费等。

2. 年内滚动调整部分

基于已发生的实际收支情况,在结合各职能部门更新有关业务材料的基础上,调整年度内前期预算编制时"已发生或基于目前状态,下一步肯定会发生的交易或事项"在本次滚动编制节点以后的预计资金收支情况。鉴于年度内前期预算外或超预算范围情况的资金收支情况已在预算实施时更新了有关预算控制数据,本次调整还需同年初编制部分有关方法,更新上述编制均未纳入的下一步很可能发生交易或事项,形成新的现金预算表。实际应用预算编制数据时,再次遇到除预算内正常控制外的情况,需要补充记录预算外或超预算范围的情况并相应调整剩余资金额度,具体可参照年初编制有关部分执行。

(五)预算编制注意事项

一是上述预算编制模式,需要企业制定相应规章制度确保预算编制工作有规可依,有效规范各部门、各岗位参与预算编制的方式、工作内容、具体流程等,并严加考核,以确保预算编制工作得以落实。
二是预算编制过程要考虑时效性,防止预算编制完成时间一再推迟,容易导致预算管理的严肃性被削弱,预算工作则沦为形式主义。企业应建立内部信息渠道,确保预算编制依据信息交流顺畅,提高预算编制的准确性、合理性和可行性。
三是虽然预算编制要求财务部门为主导,但企业负责人应强调预算编制工作的重要性和整体性,对相关工作要给予实质性支持。预算管理人员要熟悉各项业务基本情况,对预算资料作深入分析研究,根据当前的执行情况及时加以修订,保证企业的经营管理工作有序进行。

三、企业预算编制与预算执行管控措施

我国企业从 2008 年开始,结合《企业内部控制规范》建立了内容完整、流程标准的内部控制制度,根据"审计指引"选择了全面预算管理作

第三章　可持续发展战略下中小企业的预算管理

为内部控制的重要手段。从十多年的实践情况看,现代企业的全面预算管理实践经验相对丰富,而且在预算编制与预算执行管理方面,使用了多种技术与方法。然而,在"双循环"发展新格局下,随着统一大市场的建立,此类企业面临的外部风险与内部风险相对增大,为了有效防范风险,需要持续加强该方面的管控工作。下面先对企业预算编制与预算执行管控的重要性做出说明。

(一)企业预算编制与预算执行管控的重要性

近年来,企业通过持续推进业财融合建设,已经深化了财务管理理论、扩大了财务管理范围、实施了指标化财务管理,使企业预算内容从财务预算,转变到了全面预算管理方向。从财务管理的角度看,全面预算管理具有制度属性,包括了经营预算、投资预算、财务预算,能够借助货币形式将前两种预算纳入财务预算。从内部控制角度看,全面预算管理具有工具属性,能够在开展内部控制活动时,作为有效的手段加以运用。因此,在现代企业应用全面预算管理方案的过程中,企业需要提升对预算编制与预算执行管控重视程度。

1. 企业预算编制的重要性

2017年,我国提出了总体经济理论,通过对该理论的深化与阐发,2020年形成了"双循环"发展新格局,一方面使国际市场与国内市场实现了多元并轨,推动了统一大市场的建设。另一方面通过金融体制改革与产业结构调整,扩大了市场在企业资源配置中的基础性作用。在这种情况下,来自市场竞争、金融波动的影响,会增加企业外部风险。并且,在产业转型升级中会扩大内部风险。此时,企业为了实现战略目标,有效防范风险,需要提高预算编制的全面性与精准性。

2. 企业预算执行的重要性

企业预算方案编制后,借助预算执行,具体包括了对全面预算方案的分解、执行、调整等内容。例如,在分解过程中,包括了年度财务预算目标向部门预算分层目标的分解,以及细化指标后向产品生产制造诸环节、各岗位的分解。而且，要求在分解过程中遵循价值量分解，确保指标设置的彻底性，配套应用权责机制与协同机制，保障其执行与落实。再如，执行过程中，牵涉到内部结算价格与方式、预算信息报告、预算仲裁、预算考核与反馈多项内容。尤其在执行中遇到执行不力的情况，或者超预算的现象，要求及时进行预警、识别、分析，并根据评价结果做出相应调整。由此可见，在全面预算方案执行时，内容较多，容易发生隐患，需要加强该方面的管控工作。

（二）企业预算编制与预算执行管控问题

1. 组织结构问题

目前，企业普遍使用了全面预算管理方案，主要按照企业规划→外部环境分析/内部条件分析→企业战略→中长期计划（资本预算）→短期计划→预算管理→控制→日常经营→公司战略的基本流程进行操作。部分企业虽然设置了预算管理委员会、预算管理执行办公室，以及若干预算责任单位，但由于治理结构不完善，股东大会、监事会、董事会、总裁、审计委员会、副总裁（财务副总裁与若干业务单位副总裁）、经理、副经理等并不全面，预算管理决策机构的客观性相对较差。同时，在财务部设置全面预算编制委员会后，虽然配套分设了若干预算责任单位，（包括投资中心、利润中心、成本中心等），但是在整体形式上符合全面预算管理组织体系"决策机构+工作机构+执行机构"的组织结构下，受到传统时期财务预算管理思路的影响，并没有在预算管理活动中细致地研究各机构的职能，使组织结构的功用大打折扣。

2. 预算编制问题

企业预算方案编制中，已经建立了上下结合、分级编制、逐级汇总的标准程序，要求根据"预算信息收集→下年度财务预算目标预测→上报部门预算方案→审查预算方案并提出建议→编制年度财务预算草案并审议→下达执行"的步骤进行实施。然而，在具体实践中，部分企业的预算编制人员，对外部变化了的市场环境、内部转型引起的变化分析不足,往往选择"追加方法",容易造成下一年度预算目标高于上一年的现象。同时,企业普遍存在预算编制人员数量偏少的情况,一般会选择"代替方法",让财务会计人员直接开展预算编制,而不是将其作为辅助人员,容易引起预算编制方案中的业务、财务不一致现象。

另外,预算编制需要通过反复研究才能使经营业务收入指标、应收账款降低率指标、成本费用支出指标等与生产实际相符合,部分企业在编制时预算考核机制不健全,十分看重决策机构领导的正确性,对编制方案不进行细致考核,往往会顾此失彼,造成预算编制不科学的情况。简单讲,预算目标定位不精准、预算人才配置不足、预算考核机制不健全,共同导致了预算编制不科学的问题。

3. 预算执行问题

我国企业在预算实践中,一直存在"重编制,轻执行"的问题,表现为预算执行管控效率低、管控效果差。具体而言,部分企业虽然实行了全面预算管理,然而并没有将现金流管理(也称"现金为王")作为预算执行中的主导理念,通常会发生对各项付现成本分解不足的现象。在这种情况下,可控付现成本控制方面实际要求的硬指标(同比减少10%)通常不能获得落实。而且,在预算执行过程中,部分企业在月度预算项目实际发生值与预算控制计划值之间的差额比例控制不严格,容易发生超出5%比例的情况。尤其重要的是,部分企业在预算执行监督过程中,对于数字化技术的应用不足,较难实现对预算执行全过程监督,没有真正落实以"监测→预警→识别→分析→生成报告→调整预算方案"为内容的监督要求。因此,在预算执行理念滞后、各项付现成本分解不足、预算执行监督不力的条件下,发生预算执行效率低、预算执行效果差的问题。

(三)中小企业预算编制与预算执行管控措施

1. 加强职能研究,优化现有组织结构

建议中小企业在研发设计全面预算管理方案时,严格按照标准程序进行操作。

首先，应从全面预算管理的概念界定、特点、作用全面了解其内容。然而，在财务管理制度中独立设置全面预算方案编制原则、编制依据、编制流程、执行步骤、执行监督等规范条例，保障预算编制与执行时能够按照制度引领的路径，为标准化操作提供必要条件。

其次，应对现阶段的全面预算管理组织管理体系进行检验，确保符合"决策机构＋工作机构＋执行机构"组织结构要求的情况下，对机构的职能进行分条列举。例如，设置决策机构时，为了保障治理结构的健全性，就需要开展中小企业治理，通过查缺补漏的方式健全治理结构。在监事会、审计委员会能够发挥作用的前提下，应该将股东大会、董事会在全面预算管理中的主要职能进行梳理，分条列举出来。按照同样的方法，列举全面预算管理委员会、全面预算编制委员会的职能。然后，应用权责机制对应各项职能的权力行使范围，设置匹配的责任，确保所有实践主体能够在职能清晰划分、责任明确界定后，真正将各自的工作落到实处。至于预算责任单位，则应根据投资中心、利润中心、成本中心之间的关系，对其独立职责、关联职责进行说明，最终建立起一个预算责任网络，确保各机构认真完成各自工作。

2. 开展专项处理，科学编制预算方案

建议中小企业在预算编制之前，应对预算编制的标准流程进行检验，在确保无误的情况下，梳理出当前导致预算编制不科学的因素，再根据"具体问题，具体分析，针对性解决"的基本思路，选择科学方法解决预算目标定位不精准、预算人才配置不足、预算考核机制不健全的问题，从而编制高质量全面预算方案。具体如下。

首先，应在预算目标定位方面，以统一大市场为背景，区分出外部信息、内部信息，这样做有利于高效地收集各项信息。例如，在外部信息收集过程中，一方面，应在国内市场信息收集的基础上，增加对国际市场信息的采集，具体应该落实到宏观政策、中观行业产业、微观业务三个层面，重点突出市场竞争内容、股票市场同行业股票趋势、产业转型所处阶段等信息；另一方面，应从中小企业实际业务出发，通过业财融合制度中配套使用的财务共享中心，对自身的业务财务状况做出评估，这样做有利于中小企业通过外部信息与内部信息的综合分析，制定出与中小企业战略目标相符合、与中小企业财务实力及生产相一致的年度财务预算目标。

其次,应区分出预算编制人员、财务会计、管理会计、税务会计的差异,将前者作为专业人员,将后者作为辅助人员,从而增加预算编制人才的引、育、用、留。例如,在当前中小企业全面预算管理日益复杂的情况下,中小企业有必要按照外部引进、内部培训的现代人力资源管理方法,从人才市场招聘专业人才,在内部培养预算编制人才。招聘方面建议通过猎头公司选择适配型人才,内部培养方面建议采用专项培训方案。例如,按照标准的知识结构优化专题、专业技能拓展培训专题、职业素质提升专题,对在岗人员与新进人才开展全面培育等。

最后,预算编制工作十分复杂,预算考核稍有差池便会导致后续预算执行不力、超预算的风险。建议中小企业在预算考核实践中,结合预算编制步骤,对各环节的人、机、材、技、钱、环境、管理等开展全面考核,这样做既有助于将预算考核具体到每项步骤之中,也能够使预算考核趋于全面化。

除以上几点之外,应重点针对预算编制中各项指标,开展逐项考核,预防因"命令式预算编制"造成风险。

3. 配置技术要素,强化执行管控效果

首先,建议明确现金流管理主导的理念,然后根据针对各项付现成本(现金支出成本)进行细致解析。具体而言,付现成本是营业成本减去折旧与摊销成本,与在总成本中减去利息与折旧及摊销的结果相同。中小企业应根据当前阶段面临的"全球经济下行,资金供应不足""中小企业在夹缝中生存"的事实,突出现金支出成本的重要性。同时,中小企业在预算执行实践中,应把付现成本与营业成本、营运成本、经营成本关联起来,根据计算时间、计算对象、计算内容、计算依据等不同视角,全面解析付现成本。例如,在统一大市场背景下,跨国中小企业与我国本土市场的多数中小企业在开展付现成本控制时,主要采用管理会计中的成本分析方法与分析模型。此时,中小企业可以在预算执行中突出管理会计的作用,提高付现成本硬指标控制能力。

其次,预算执行是全面预算管理中的最后一环,执行效率的高低直接影响执行效果。按照总体经济理论中应用的现代经济学(也称"发展经济学")情况看,在中小企业各项活动方面需要根据不同的发展阶段,选择合适的生产要素配置方案才能提升活动效率。例如，在传统财务管理阶段，预算执行监督是依靠人的计算能力。进入信息化阶段后，则主要依靠 Excel 软件、XML 数据库、ERP 系统。当前正值高质量财务管理实践阶段，数字技术配置需求十分明确。在这种情况下，中小企业可以根据财务共享中心已经搭建的平台，引入大数据、云计算、人工智能技术等。例如，选择"大数据+财务共享中心"方案，或者选择"机器人+财务共享中心"方案，均能够满足当前预算执行中的执行监测要求，真正将预算方案落实到中小企业的生产经营管理之中。

总之，现代中小企业在统一大市场环境下，为了有效对抗外部风险，防范内部风险，需要持续优化内部控制制度，增强对全面预算管理手段的运用。结合上述分析可以看出，中小企业实施全面预算管理方案后，业财融合深度增加，财务管理范围有所扩大，财务指标化管理需求十分突出，为了实现高质量财务管理目标，中小企业需要加强预算编制与预算执行管控能力。

由于部分中小企业实践中的问题主要表现为组织结构不合理、编制不科学、执行效果差，因而建议按照"具体问题，具体分析，针对性解决"的基本思路，借助对职能的研究优化现有组织结构。同时，根据全面预算管理实际内容选择科学的编制方法，提高编制方案的完整性与有效性。在执行管控方面，则需要根据高质量发展阶段，借助配置技术要素的方式为其"赋能"，以此达到强化执行管控效果的目的。

第三节　可持续发展战略下中小企业预算的执行与考核

一、财务预算中与绩效考核有关的问题及意义

（一）财务预算管理工作的积极影响

就公司管理领域而言，对财务预算的科学管理是非常关键的，科学合理的财务预算管理工作不但能够为公司发展壮大保驾护航，还能够协

第三章 可持续发展战略下中小企业的预算管理

助公司管理者科学决策,从而制订出合理的发展策略。同时,预算管理还会对公司的其他管理产生重要影响,透过研究财务预算管理,就能够清楚掌握公司未来长久的经济发展情况,而财务预算管理不但包括了固定资产评估、现金计划,还涉及财务计划的制订等。

(二)公司绩效考核的积极意义

公司绩效考核,主要是指公司为实现规定的工作任务,以科学有效的管理方法来管理公司团队和内部人员,从而建立科学合理的机制,通过科学合理考核公司人员的绩效,并采用定期评估绩效结果的方法,给予公司人员嘉奖甚至惩戒,由此来实现鼓励公司优秀员工、提升职工积极性的目的,充分发掘人员的工作潜能。一般来说,公司绩效考核工作管理制度的主要部分,有效的考评结果是企业调整人员薪酬制度的重要基础,因此公司也可按照具体部门的有关规定,给予工作成绩优异的人员嘉奖。同时,考核结论更是企业内部人员调整的重要依据,通过科学合理的考核可以将实力更强、更出色的内部人员调整到更适合的工作职位上来,从而真正做到人尽其用,同时企业内部还可通过定期培训的方法,来帮助内部人员提高自己的创新能力和技术水平,以便于给公司发展带来更良好的效益。

二、财务预算管理和绩效考核相关概述

(一)财务预算管理工作

所谓财务预算管理工作,是指有关计划人员按照公司实际状况及其未来的发展目标,对公司未来的财务状况、经营结果及其资本支出等进行一种科学合理的规划。财务预算包括许多计划项目,包括对公司的资产负债状况的计划、对公司经营收益的计划和对公司现金的计划等。科学细致的公司财务预算管理工作不但有助于公司发展目标的制定,同时也可以让公司每一名人员都比较清楚自身的工作职能和工作计划,另外,财务预算管理工作也可以对公司经营管理工作产生监督效果。在各个经营管理环节,经过严格地比较公司财务预算各技术指标,便能够找到管理工作中出现的问题,并能够适时进行适当的调节。科学合理的财务预算必须建设在市场经济环境下,这样要求计划管理人员全面了解市场发展状况,以便对公司所有经营活动做出科学合理的计划,做到公司所有经营活动的和谐发展,使公司未来的发展得以有规划有步骤地实施,以便使公司可以合理地规避某些不必要的经营风险,使得公司得以长久稳健地高效发展。

(二)企业考评

考评管理工作也被称为企业人员岗位绩效的考评,是指按照公司发展需要提出具体的考评指标体系和准则,采用适当的方法对企业的人员实施考评。企业内部考评一方面是为了合理地总结和评估员工的实际岗位状况,以便对每一名员工在整个企业中的价值做出评估,绩效考核就可以有效提高企业内部管理人员在工作中的主观积极性,以便实现为整个企业创造更大的效益;另一方面,企业内部考评也是为了更好地表现出该公司在某个阶段内的生产运营状况,可以看出该公司生产运营中出现的问题,进而能够对其做出合理的调节和优化。科学完善的绩效考核制度并不是单纯对企业人员工作成果的考评,而是对企业人员工作流程的考评,这样才能对企业人员工作进行更加公平的评判,从而提升工作品质。在绩效考核目标分析下,按照公司总体的发展目标、实际的生产活动情况和各个人员的工作内容,在绩效考核上提出不同的目标,可以在不同工作环节促进人员的工作,从而丰富人员的工作过程,进而有效提升公司的经营效益。

三、财务预算管理和企业绩效考核之间的关联分析

(一)财务预算管理与企业绩效考核之间的理论关联

在公司财务管理中,财务预算管理和企业绩效考核二者都是不可分割的整体,从理论角度分析,两者大致具有如下两方面关联。

第一,财务预算管理是公司绩效考核的基石。在公司绩效考核工作中,必须针对公司发展状况建立相关的考评指标体系及其准则,并以此

作为公司员工绩效考核的相关基础,而考评标准的制定也是建立在科学合理的公司财务预算管理工作指标基础之上的,所以企业财务预算管理工作是企业绩效考核的重要基石,通过不断地对公司财务预算管理工作考评指标体系加以量化,才能更有效地提高公司绩效考核工作中相关指标体系及其准则的科学化、合理化。

第二,企业绩效考核是财务预算管理工作流程中的关键环节,公司的财务预算管理工作在执行的过程中,能够更有效地对公司各项业务管理工作进行管理,特别是通过对公司绩效考核管理工作的严格监控,能够更有效体现出公司绩效管理工作及其有关决策中出现的问题,从而利用对公司绩效考核中问题的客观反映,来对公司财务预算管理工作做出适当的调节和完善,二者可谓共同推进、相互合作,公司在二者的有效整合下可以更快地应对社会主义市场经济发展环境的重大变革,以便于制订更为科学合理的经济发展目标。

(二)企业财务预算管理与企业绩效考核之间的实际关系

企业财务预算管理与企业绩效考核之间的实际关系除前述的理论关联之外,在现实管理过程中也有着重要的实际关联,主要表现在如下两个方面。

其一,企业绩效考核管理指标体系的制定,离不开企业内部财务管理机构的积极参与。尽管在公司中财务预算管理者和公司绩效考核工作管理者分属两个不同的部分,不过因为二者之间的关系,其在职责上就存在相应的交叉性。例如,在公司绩效考核指数的编制中就必须以公司财务机构的各种指标为前提,来实现公司绩效考核指数的量化,在公司绩效考核指数的编制中必须考虑公司的总产值,包括公司的费用与收益等,这些数据都需要财务机构的帮助。由此可见,公司绩效考核指数的制定是离不开财务管理机构协助的,只有财务预算管理人员提供全面精确的有关数据,才能够保证公司绩效考核管理标准的科学化、合理化,能够应用到公司的阶段性发展中。

其二,公司内部经营业绩管理工作总体目标的分解和公司财务预算管理工作密不可分。公司的财务预算管理工作是为完成公司阶段性发展中所有经营活动的计划,以便合理计划企业所有活动的发展,提高所有活动发展的协调性,保证公司能够有计划、有步骤地平稳向前发展。

为了可以更好地完成公司的业务目标,必须对财务预算管理目标做出相应的细化和分解,这和公司绩效考核层层划分方式有着很多相似之处,虽然公司内部绩效考核与管理目标的划分无法彻底取代公司内部财务预算管理目标的划分,二者有着实质上的差别,但由于在内部管理模式方面存在着很大的共同点,所以通过把二者的内部管理模式更有效地融合到一起,就能够更有效地提高公司的管理水平,并且还能够达到对公司内部管理体系战略目标的统一。

四、目前企业财务预算和绩效考核的现状

企业的财务预算管理和绩效管理等工作受到了多种原因的影响,在一定程度上控制了企业的经济发展,但财务预算管理和绩效管理工作一直是企业财务管理的重心,对企业的发展壮大有着非常关键的影响。但就目前情况而言,中国公司在财务预算和绩效考核等方面,仍存在着不少的问题。

(1)由于中小企业的财务预算工作基本都是由财务部门承担,在具体实施的执行过程中,由于没有节省意识,企业多出现了资本流问题,投资耗费现状更加明显,为上述现实问题的有效缓解,就需要中小企业从更多的二级单元着手,培育企业职工的节省意识,并采用合理的绩效管理模式,来进行资源的有效节省。

(2)现阶段,中国企业在经营业绩管理工作与财务预算管理工作的衔接过程中还面临着很多问题,企业财务困难很多,经营管理水平也较低,因此企业管理者在实施财务预算与经营业绩管理工作时,为确保二者的有效结合,应该尽力寻找二者的衔接点,或借由组织企业经营活动的方法来进行干预。公司经营与管理财务收支是对整个公司投资收入和经营状况的总称,而公司财务预算中不但会包括资金预算,而且还包括公司财务报表和资产负债表等内容,所以公司在经营发展的过程中,就必须采用科学合理的经济预测方法,公司投资管理也必须以充分的理论和数据为基础,并努力实现对公司内部各种经营活动的有效配合与控制,从而减少资源浪费、资源配置不恰当等现状的发生。

第三章　可持续发展战略下中小企业的预算管理

五、完善公司财务预算与绩效考核管理制度的措施

（1）完善预算管理工作，提升公司内部二级单元管理职能。公司在日常发展过程中，应当努力提高公司内部财务管理水平，建立科学的内部财务管理与运作规划，并选用科学合理的绩效管理方法，以充分发挥公司绩效管理工作的积极功能。在公司整体发展过程中，内部财务预算与绩效管理工作一直占有十分关键的地位与作用，因此公司内部财务管理水平的提高必须以合理的内部基础管理工作为保证。就目前情况而言，公司领导干部没有准确的理论意识，片面重视资金量，从而忽略了对资金最具体的运用效果，且公司在对投资支出安排上也没有科学合理的计划，没有对资金运用效果的合理意识。所以，公司内部必须对资金的使用状况再做一次强化工作，公司领导层也应当正确认识公司资金的利用效益和支出状况，尤其要积极引导并充分发挥公司内部二级单位的工作职能，并全方位充分发挥公司二级单位在主管层次的领导作用，有助于企业职工培养投资意识，增强二级单元的总体意识和管理工作职责，充分发挥管理职能机关的作用，尽量减少投资浪费现象，注重企业投资利用效益的提高。

（2）进一步了解基础业务，构建有效的企业内部信息沟通机制。就目前中国大部分的民营企业来说，只有公司的部门高层和管理者才能意识到公司绩效考核和预算管理等工作的重要积极意义，并在管理工作中尽力加强二者的融合与联系，而多数管理人员对公司绩效考核和预算管理工作并没有很准确的理解，所以成本管理和业绩管理等工作措施在实际实施过程中并没有相当的群众基础，因此实施困难较大。公司必须根据企业的实际状况和企业内部管理现状，构建起合理科学的企业内部信息系统交流机制，以破除信息系统交流壁垒，有助于员工正确认识对绩效管理工作和财务预算的积极影响。当遇到发展问题时，企业能够利用各部门交流协调的方法进行合理的解决。有关责任机关在编制计划报表时，当事人有了了解计划报表的权限，采取合理的计划调整来及时修改计划问题。人事机关在实施绩效考核时，可以把预算报告当作绩效的一项依据，而预算政策与措施的出台又需要各个单位的全面协调和配合，以确保绩效的具体要求。同时，了解经营业务也应是公司开展绩效考核工作的重要基础，因此在发展初期，公司就应该注意资本的筹措，在发展阶段就应该做好营销计划。针对公司不同的发展进程，采用不同的管理方法，并以公司的实际状况为出发点，设定科学合理的绩效考核单元和预算单位。

　　提升公司的综合能力、核心企业竞争力，是公司在激烈竞争中立于不败之地的重要前提与保证，合理的计划管理与企业绩效考核不但可以提升公司管理，还可以提升企业的可持续发展能力，而计划与管理虽分属公司经营发展的各个领域，却都是公司发展壮大的关键，因此公司在进行管理时，只有合理地把计划与考核融合到一起，并着力推动二者的融合协调发展，才可以发挥计划管理和企业绩效考核的积极效果，进而为公司的长期发展保驾护航。

第四章　可持续发展战略下中小企业的筹资管理研究

新经济时代,企业的筹资活动在筹资的观念、筹资的方式、筹资的渠道等方面均发生了变化,这就要求企业充分利用信息技术提供的优势进行筹资决策,实现低成本筹集适度发展资金。本章重点分析可持续发展战略下中小企业的筹资管理。

第一节　可持续发展与中小企业筹资管理目标

一、资金筹集

资金筹集是指企业依据其生产经营、对外投资和企业资本结构调整的需要,按照企业经营目标和计划,通过特定的融资方式和融资渠道获得所需资金的融资方式。资金筹集是企业生产经营和资金运作的起点。企业通过筹集足额的资金可以在各种危机中保证现金流的充足,防止企业资金链断裂的危险。毋庸置疑,有充足的资金确保企业生产经营顺利进行,有利于企业发展和日常生产经营。

资金筹集战略是企业在总体战略指导下,综合分析内外部环境做出的关于资金筹集规模、结构、方式、成本等问题的谋划。资金筹集活动顺利,完全可以帮助企业明确预期成果、提高资金利用效率。制定资金筹集战略是完成生产经营的首要任务,也是完成企业战略目标的基本条件。

二、企业资金筹集组合策略

每一个企业只有在全面估量不同负债结构的成本与报酬基础上，充分分析自身的风险承担意愿和能力对各有关因素的得失进行综合权衡，才能合理地确定最优的资金筹集结构。

（一）资金筹集策略类型

对流动资产中恒久性与波动性部分，如何合理安排其相应的资金来源与资金结构，即对恒久性与波动性资金需要采取的资金筹集策略，一般有以下三种类型。

1. 配合型资金筹集策略

配合型资金筹集策略是指企业负债的到期期限与企业资产的寿命周期相对应。企业通过短期负债满足临时性流动资产的需要，通过长期负债和权益资本满足永久性资产的资金需要。但是企业的生产经营往往伴随着不确定性，很难做到资产与负债的完全配合，当企业处在经营低谷期时，不能取得预期的收入，就会面临不能及时偿还债务的风险，所以这仅仅是一种理想的资金筹集模式，需要企业做到现金使用和流动与预期完全一致，因此较难在现实经济生活中实现。

2. 稳健型资金筹集策略

很多企业为了保证生产经营规模稳步增长而采用稳健型资金筹集策略，也就是公司用企业已经筹集的长期负债资金或权益资本来应对长期资产的同时，也保证使用一部分预期流动性资金。这种资金筹集模式的特点是筹资成本高，一般来说，长期负债筹集的资金成本远远高于筹集的短期资金成本，而流动资产使用效率比较高，相对经营收益比较高。以高成本资金应付高收益相对来说比较稳健，但在企业季节性生产收益低谷时期，企业也必须为继续持有的长期负债支付高额的经营资金利息，扩大债务资本负担，从而降低归属于股东的预期收益。

第四章 可持续发展战略下中小企业的筹资管理研究

3.激进型资金筹集策略

也有很多企业为了保证生产经营规模快速增长采用激进型资金筹集策略,与稳健型资金筹集策略相反的是用短期负债来融通和弥补部分长久性流动资产的资金需要。一般来说,短期负债筹集的资金成本比较低,而长久性流动资产具有流动性差、收益高、风险高的特点,以低成本资金应对高收益高风险资金需求相对来说比较危险激进。这一资金筹集策略迫使长久性资产变现才能支付短期负债资金,如果长久性资产变现能力差,可能不能保证企业经常地偿还到期债务,从而增大企业财务风险;同时,短期负债利率变动的可能性增大,这无形中增加了经营活动的盈利变动风险。此外,短期负债低成本、高支付风险造成所带来的较高税后利润将被这些高风险抵消。

(二)运用边际分析法制定资金筹集组合战略

以最低的资金筹集成本实现理想的资金筹集组合收益是营运资本管理的基本目的。在筹资过程中,企业一般会选择最佳的资金筹集渠道和方式筹集需要的营运资金;制定资本结构优化方案,规划和决策资本筹集的整个过程。

传统的方法是比较不同筹集资金方案的综合资本成本率,以综合资本成本率最低的融资组合、资本结构最合理的融资方案作为最佳选择。综合资本成本率只是反映资金筹集成本的一种静态的相对指标,无法找出资金筹集的最佳点和规模,而运用边际分析法则能较好地解决这一问题。

资金筹集组合正确的决策是运用边际均衡原理,以边际分析法来分析资金筹集组合的最佳适合度,资金筹集组合要素在此基础上确定最佳配合比例。边际分析法又称投入产出法,是通过对经济活动的资本投入来分析经济利益产出比率确定经济效益的方法。每一个资本投入与每一个经济收益的比例关系,以投入追加资金的变动要素与经营收益之间的函数关系为出发点,分析经营活动投入与产出的辩证关系,找出投入的每单位资本与经营收益的变化规律性。

1. 资金筹集最佳适合度的确定

根据资金筹集固有的特性和边际收益递减法则,在自有资金一定的情况下,借入资金与权益资本结构的变化(即追加投入的借入资金)必然引起边际成本和边际收益的变化,且随着投入资本的追加,边际收益增加额度就变小;越来越大的投入与资金收益就越来越小,边际收益由递增转入递减原理就是这样形成的;当追加投入的借入资金增加的收益价值等于投入资金的投入成本时,纯收益就最大;在资金投入达到一定的水平后,边际收益虽有所增加,但增加的幅度不足以抵偿边际成本,就会出现规模不经济现象。[①]

2. 资金筹集结构最佳组合比例的确定

确定资金筹集组合方案,实质上就是要找到企业资本的构成比例,就是权益资本与负债资本的相关比例关系,以及权益资本内部各项目之间的最佳结构。在同一资金筹集组合方案中,以权益资本为例,优先股与普通股的组合也是有很多方案的。由于优先股与普通股的资本成本计算方法不一样,故计算结果是不同的,如何找出资本组合中资金筹集费用和资本成本都最低的要素组合,对于企业来说至关重要。

(三)资金筹集结构的弹性调整与优化

1. 资金筹集结构的弹性

资金筹集结构弹性是分析资金组合中的比例结构弹性程度,是指筹集资金过程中资本结构状况对企业的理财环境变化及财务目标发生变动的适应程度,并可能因为资金变化进行相应调整的余地和幅度。对企业资本结构和资产状况来说,资金来源结构一旦形成,就会对企业资产状况变动产生影响,资金状况应该具有相对稳定性,这种稳定性也不可能排斥资金结构调整。例如,某企业资金筹集结构原定资产负债率为

---

① 周朝琦,等.企业财务战略管理[M].北京:经济管理出版社,2001:161.

第四章 可持续发展战略下中小企业的筹资管理研究

38%,并高于同行业一般水平。但由于企业近年来经营不善,利润呈下降趋势,这时就可能需要调整其原有资金筹集结构,以改善企业形象。因此,企业需要保有机动的资金筹集能力,以期应对动荡的理财环境和随时处理不测事件的发生。

筹资结构弹性包括时间弹性和转换弹性两种。各种融资方式按照融资期限是否固定可分为期限灵活的融资和期限固定的融资,期限灵活的融资在有限期内可以随时清偿,具有时间弹性,期限固定的融资虽然只能在融资到期才能清还,但如果可以在规定时间内转换为其他种类的融资,也具有时间弹性,这种融资比重越大,融资结构越具有弹性。还有一种融资方式,可以事先规定转换率和转换价格,满足一定条件时转化为其他融资,如可转债就具有较高的转换弹性,这种可直接转换的融资可以提升融资结构的弹性。

常见的筹资方式包括实收资本、优先股、长短期负债等,由于其特点不同,具有不同的弹性。实收资本是企业投资者实际投入的资本,一旦投入使用便不可随意退还、转换等,因此实收资本的弹性很差;优先股是企业的一种主权性融资,虽不可退还和转让,但可以转化为普通股,因此具有一定的弹性;相较于前两种,负债的弹性较大,可以在规定的借款期限内随时清偿,其中短期借款的还款期限较短,可随借随还,而且短期借款中的债券、票据等具有可转让性,因此短期借款的弹性最大。

企业要想根据内外部环境及时调整筹资结构,就需要保持一定的筹资结构弹性,在对筹资结构弹性进行分析时,不仅要关注弹性融资在总体融资中所占的比重,还要重视弹性融资内部结构的变化。

2. 资金筹集结构的优化调整

企业在筹集资金过程中,总是希望能以最低资金成本创造最高的经济效益,使资本结构有利于提高生产经营活动中的资金利用效率,有利于企业的可持续发展。在寻求最适合自己的筹资方案时,企业可以在以下方面做出努力。

(1)做好经营计划和资金预算,确定合理的筹资结构。企业的经营计划具有全局性、战略性的特点,是企业根据自身发展特点制订的发展规划,资金预算需要以此为基础,充分预测企业未来经营活动的现金流量,并留出一定资金缺口以供资金结构的弹性调整,同时需要严格监督经营计划的执行情况。

(2)比较不同资金的弹性、成本、风险等因素,确定最优的资本组合。根据以上分析,为使企业可以及时调整资本结构,需要重视弹性融资的比重,但不同的融资方式其成本和风险不同,需要将其进行综合分析,找出最优的资本组合。在企业筹资过程中,发行股票、债券支付的各种费用,向股东支付的股息红利、向债权人支付的利息等都是需要考虑的因素。同时,企业需要重视资金的风险,如果企业自身风险承受能力较小,则需要减少高风险融资工具的使用。

(3)提高营运资金的使用效率。企业的营运资金过多会影响企业的偿债能力,但过多又不利于企业盈利能力的提升,因此企业应加强对营运资金的管理,合理控制存货、应收账款等流动资产和负债的规模,在满足正常需求的基础上,尽量压缩使用成本,提高使用效率。

三、可持续发展战略下中小企业筹资目的分析

资金是企业一项基本的生产要素,企业能否持续健康发展,筹资是一项重要的关键性因素。中小企业的筹资目的大致可以分为两个方面:解决企业生存问题和解决企业发展问题,具体来说,通常是出于以下几方面的考虑。

(一)满足企业生存的需要

企业在创立初期会面临一系列的不确定事件,以新冠疫情为例,众多中小企业的生产经营受到了影响,经历了发展寒冬期,甚至面临破产的危机,及时的融资可以帮助企业缓解危机,有利于企业未来的发展。

(二)满足扩大生产、增加投资的需要

中小企业要想发展壮大,占领更大的市场份额,就需要追加投资,有时企业自身的利润累积是远远不够的,这就需要企业进行外源融资。当企业发现发展机会时,就要及时进行融资,确保资金能及时到位,否则将影响企业有效取得经营成果。

（三）满足优化生产和业务,差异化战略的需要

相较于发展处于成熟期的大企业,中小企业的前期基础较薄弱,无法发挥规模效应在成本上取得优势,这时企业可以注重优化现有的生产和业务,采取差异化战略获取优势,提高产品质量,改进生产工艺技术、积极技术创新等活动都需要更多的资金投入。

（四）满足资金结构调整的需要

随着经济状况的改变、企业经营条件等的改变,资金结构需要做出相应调整,通过资金结构的有效调整可以降低企业筹资风险、减少资金成本。对资本与负债之间的比例关系进行的调整是企业重大的财务决策事项,有利于突破资金桎梏,也是企业筹资管理的重要内容,促进企业不断发展。

（五）满足流动性的需要

虽然制订了合理的经营计划和资金预算,但企业不能保证经营活动完全按照计划进行,未来有可能会出现资金短缺和周转不开的情况,尤其中小企业的融资能力较弱,因此为了防止资金短缺和周转问题对企业产生不利影响,中小企业需要提前准备好储备资金应对突发状况。

第二节　中小企业的资金需求量预测

企业在筹资之前,应当采用一定方法测量资金需要量,只有这样,才能使筹集来的资金既能满足生产经营的需要,又不会有太多闲置。常见的筹资需求量预测方法包括销售百分比法和资金习性预测法。

一、销售百分比法

任何方法都是建立在一定假设前提基础上的,销售百分比法也不例外。归纳起来,销售百分比法的假设条件有以下几个。

(1)资产负债表的各项目可以划分为敏感项目与非敏感项目。凡是随销售变动而变动并呈现一定比例关系的项目,均称为敏感项目;凡不随销售变动而变动的项目,均称为非敏感项目。

(2)敏感项目与销售额之间呈正比例关系。这一假设又包含两方面意义:首先是线性假设,即敏感项目与销售额之间为正相关;其次是直线过原点,即销售额为零时,项目的初始值也为零。

(3)基期与预测期的情况基本不变。这一假设包含三重含义:第一重是基期与预测期的敏感项目和非敏感项目的划分不变;第二重是敏感项目与销售额之间形成固定比例,或称比例不变;第三重是销售结构和价格水平与基期相比基本不变。

(4)企业的内部资金来源仅包括留用利润,或者说,企业当期计提的折旧在当期全部用来更新固定资产。

(5)销售的预测比较准确。销售预测是销售百分比法应用的重要前提之一,只有销售预测准确,才能比较准确地预测资金需要量。

销售百分比法根据销售与资产之间的数量比例关系,来预测企业的外部筹资需要量,其计算公式如图 4-1 所示。

销售百分比法计算公式:

销售百分比法:外部融资需求量=增加的资产−增加的负债−增加的留存收益
$= A/S_1 \times \Delta S - b/S_1 \times \Delta S - S_2 \times P \times E$

其中,A 为随销售变化的资产(变动资产);B 为随销售变化的负债(变动负债);S_1 为基期销售额;S_2 为预测期销售额;ΔS 为销售的变动额;P 为销售净利率;E 为留存收益净率。

图 4-1　销售百分比法计算公式图

销售百分比法预测资金需求量的步骤如下。

首先,确定随销售额而变动的资产和负债项目(敏感资产和敏感负债),确定经营性资产与经营性负债的差额通常与销售额保持稳定的比例关系,以及经营性资产项目包括库存现金、应收账款、存货等项目;而经营负债项目包括应付票据、应付账款等项目,不包括短期借款、短期融资券、长期负债等筹资性负债。

其次,确定有关项目与销售额的稳定比例关系,包括预计销售额下的资产和负债,以及预计留存收益增加额。其中,留存收益增加 = 预计销售额 × 计划销售净利率 × (1-股利率),从而计算外部融资需求。

筹集资金需求量的具体计算公式为:融资需求 = 资产增加 - 负债自然增加 - 留存收益增加 = (资产销售百分比 × 新增销售额)-(负债销售百分比 × 新增销售额)-[计划销售净利率 × 计划销售额 × (1-股利支付率)]。

二、资金习性预测法

资金习性预测法是指根据资金习性预测未来资金需要量的方法。采用先分项后汇总的方式预测资金需要量,其中资金习性可以把资金分为不变资金、变动资金和半变动资金,如表 4-1 所示。

表 4-1 资金习性分类

名称	含义
不变资金	在一定产销量范围内受产销量变动的影响而保持固定不变的那部分资金
变动资金	随产销量的变动而同比例的那部分资金
半变动资金	虽然受产销量变化的影响,但不同比例变动的资金

半变动资金可以分解为不变资金和变动资金,最终将资金总额分成不变资金和变动资金两部分,即资金需要总额(y)= 不变资金(a)+ 变动资金(b)。根据资金所需总额(y)和产销量(x)的历史资料,利用高低点法或回归分析法可以估计出资金总额和产销量直线方程中的两个参数 a 和 b。参数求值常采用高低点法计算。高低点法是根据两点可以确定一条直线原理,将高点和低点的数据代入直线方程 y=a+bx 就可

以求出 a 和 b，再把高点和低点代入直线方程，其计算公式如图 4-2 所示。

高低点法计算公式：

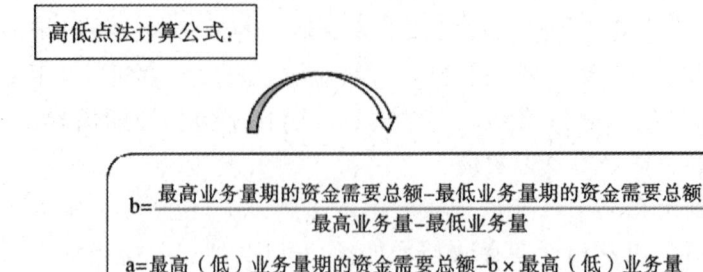

$$b = \frac{\text{最高业务量期的资金需要总额} - \text{最低业务量期的资金需要总额}}{\text{最高业务量} - \text{最低业务量}}$$

$$a = \text{最高（低）业务量期的资金需要总额} - b \times \text{最高（低）业务量}$$

图 4-2　高低点参数计算公式

第三节　杠杆效应及中小企业资本结构优化

一、杠杆效应及其应用

（一）杠杆效应的来源

在财务管理中，杠杆是指由于存在固定性成本费用，使某一财务变量发生较小变动，会引起利润较大的变动。杠杆效应包括经营杠杆效应、财务杠杆效应和总杠杆效应。经营杠杆效应是指由于固定性经营成本的存在，而使企业的资产报酬（息税前利润）变动率大于业务量变动率的现象。

财务杠杆效应是指由于固定性资本成本（利息等）的存在，而使企业的普通股收益（或每股收益）变动率大于息税前利润变动率的现象。总杠杆效应是指由于固定经营成本和固定资本成本的存在，普通股每股收益变动率大于产销业务量变动率的现象。财务管理中的杠杆效应是指由于特定固定支出或费用的存在，当某一财务变量以较小幅度变动时，另一相关变量会以较大幅度变动的现象。相关公式如下。

第四章 可持续发展战略下中小企业的筹资管理研究

销售收入－变动成本总额－固定成本－利息费用＝税前利润销售收入－变动成本总额＝边际贡献总额

边际贡献总额－固定成本＝息税前利润

杠杆效应具体内容如表 4-2 所示。

表 4-2 杠杆效应相关概念

概念	公式	说明
边际贡献	销售收入－变动成本	边际贡献＝单位边际贡献 × 销售量
单位边际贡献	单价－单位变动成本	
边际贡献率	边际贡献/销售收入＝单边边际贡献/单价	边际贡献＋变动成本率＝1
变动成本率	变动成本/销售收入＝单价变动成本/单价	

(二)经营杠杆效应及其应用

经营杠杆又称营业杠杆或营运杠杆,是指在企业生产经营中,由于存在固定成本而导致息税前利润变动率大于产销量变动率的规律。根据成本性态,在一定产销量范围内,产销量的增加一般不会影响固定成本总额,但会使单位产品固定成本降低,从而提高单位产品利润,并使利润增长率大于产销量增长率;反之,产销量减少,会使单位产品固定成本升高,从而降低单位产品利润,并使利润下降率大于产销量的下降率。所以,产品只有在没有固定成本的条件下,才能使贡献毛益等于经营利润,使利润变动率与产销量变动率同步增减。但这种情况在现实中是不存在的。这样由于存在固定成本而使利润变动率大于产销量变动率的规律,在管理会计和企业财务管理中就常根据计划期产销量变动率来预测计划期的经营利润。经营杠杆系数(degree of operation leverage,DOL)的计算公式如图 4-3 所示。

经营杠杆系数计算公式：

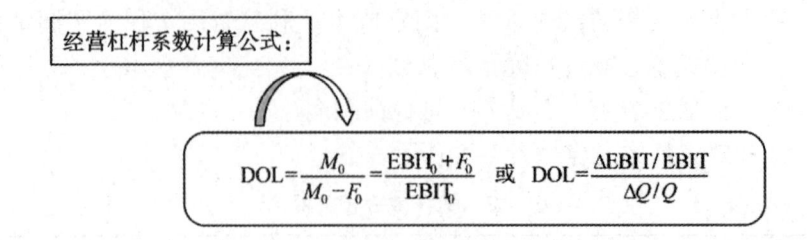

$$DOL = \frac{M_0}{M_0 - F_0} = \frac{EBIT_0 + F_0}{EBIT_0} \quad 或 \quad DOL = \frac{\Delta EBIT/EBIT}{\Delta Q/Q}$$

图 4-3　经营杠杆系数计算公式

经营杠杆是指由于固定性经营成本的存在，而使企业的资产报酬（息税前利润）变动率大于业务量变动率的现象。经营风险是指由于企业生产经营上的原因而导致的资产报酬波动风险。

（三）财务杠杆效应及其应用

财务杠杆是指由于债务的存在而导致普通股每股利润变动大于息税前利润变动的杠杆效应。财务杠杆系数越大，财务风险越大，只要有固定性资本成本存在，财务杠杆系数总是大于 1。影响财务杠杆的因素有：债务资本比重、普通股盈余水平、所得税税率水平。财务杠杆系数（degree of financial leverage，DFL）的计算公式如图 4-4 所示。

财务杠杆系数计算公式：

$$DEL = \frac{\Delta EPS/EPS}{\Delta EBIT/EBIT}$$

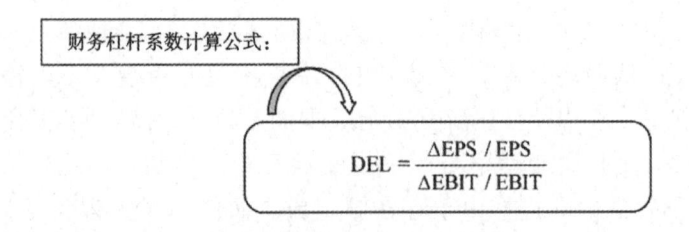

图 4-4　财务杠杆系数 DFL 计算公式

例题：

A、B、C 三家公司有关财务指标如表 4-3 所示，计算三家公司的财务杠杆系数。

第四章 可持续发展战略下中小企业的筹资管理研究

表 4-3　普通股盈余及财务杠杆的计算　　　　　单位：元

项目		A 公司	B 公司	C 公司
息税前利润	20×1 年	140000	119000	102200
	20×2 年	210000	189000	172200
每股收益	20×1 年	0.14	0.17	0.20
	20×2 年	0.21	0.27	0.34
财务杠杆系数（收益变动率 / 息税前利润变动率）		1.00	0.59	0.69

解析：

根据公式 $DFL=\dfrac{\Delta EPS/EPS}{\Delta EBIT/EBIT}$ 计算得到，A 公司财务杠杆系数为 1.00，B 公司财务杠杆系数为 0.59，C 公司财务杠杆系数为 0.69。

（四）总杠杆效应及其应用

总杠杆是指由于固定成本和固定财务费用的存在而导致的普通股每股利润变动率大于产销量变动率的杠杆效应。对总杠杆计量的主要指标是总杠杆系数，总杠杆系数是指普通股每股利润变动率相当于产销量变动率的倍数。总杠杆系数是指公司财务杠杆系数和经营杠杆系数的乘积，直接考察了营业收入的变化对每股收益的影响程度，是衡量公司每股获利能力的尺度。其计算公式如图 4-5 所示。

总杠杆系数计算公式：

总杠杆系数=经营杠杆系数×财务杠杆系数

$DTL=DOL\times DFL$　或者　$DOL=\dfrac{\Delta EPS/EPS}{\Delta Q/Q}$

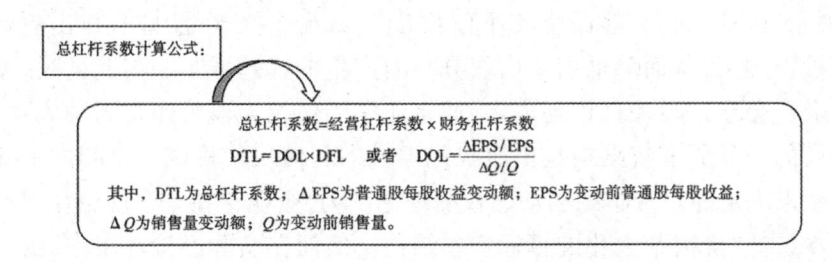

其中，DTL 为总杠杆系数；ΔEPS 为普通股每股收益变动额；EPS 为变动前普通股每股收益；ΔQ 为销售量变动额；Q 为变动前销售量。

图 4-5　总杠杆系数计算公式

二、中小企业资本结构优化

（一）资本结构理论

资本结构指的是企业各种资本的价值构成及其比例关系，是企业一定时期筹资组合的结果。资本结构一般包括债务结构和股权结构。最佳资本结构是使股东财富最大或股价最大的资本结构，也是使公司资金成本最小的资本结构。资本结构作为衡量企业财务状况的重要指标，是影响企业偿债融资能力的决定性因素。因此，资本结构理论一直是公司财务理论中的一个举足轻重且极具争议性的研究课题之一。

ＭＭ定理作为现代资本结构理论的开山之作，奠定了资本结构理论发展的基础。根据ＭＭ定理，在资本市场完美的假设下，公司价值不受资本结构的影响，独立于公司资本结构。但是，在现实世界中，由于公司所得税、破产成本、代理成本以及信息不对称等因素的存在，会使得资本结构影响企业价值。ＭＭ理论假定存在公司所得税，由于利息的抵税作用，从而增加了公司的税后现金流量。该理论认为公司价值随着负债比例的提高而增加。代理理论认为，企业资本结构会影响经理人员的工作水平和其他行为选择，从而影响企业未来现金收入和企业市场价值。该理论认为，债权融资有很强的激励作用，并将债务视为一种担保机制。这种机制能够促使经理努力工作，减少个人享受，并且作出更好的投资决策，从而降低由于两权分离而产生的代理成本。与此同时，债务融资会导致另一种代理成本，即企业接受债权人监督而付出的成本。均衡的企业所有权结构是由股权代理成本和债权代理成本之间的平衡关系来决定的。资本结构动态权衡理论认为，企业存在一个使企业资本成本最低、价值最大化的目标资本结构。然而在实际经济环境中，由于各种因素的存在，企业并非一直处于目标资本结构上，而是不断向目标资本结构调整。

第四章 可持续发展战略下中小企业的筹资管理研究

(二)中小企业资本结构不合理的现状

1. 股权结构一股独大的情况较为突出,制约企业后续发展

通过实证研究发现,创业板上市公司第一股东持股比例与公司治理效率呈显著正相关关系,通过查阅文献发现许多实证研究也得到类似结论。同时,针对上市公司的研究表明,资本结构过于集中是中小企业的优势,但优势在一定环境中也容易形成劣势。中小企业既要把握发展机遇,不断发展壮大,也要警惕随之而来的风险。从长远发展来看,一股独大虽然在短期内能迅速提高企业的决策效率,进而提高企业的经营运转效率和收益水平,但长此以往容易造成权力过度集中,很难杜绝绝对控股和"一言堂"现象。如果第一大股东决策出现偏差,就会导致企业后续发展乏力,甚至面临困境。如何实现权力制衡,形成相互制约,尽可能避免股权过于集中导致的决策失误,是中小企业未来所要面临和解决的课题。

2. 缺乏有效和持续的融资渠道,融资方式较为单一

中小企业资本结构较为明显的就是低资产负债率,与主板上市公司的差距较大。虽然创业板、科创板等上市为中小企业融资提供了途径,但总体而言,能够吸引外源融资的能力还是相对较弱的,造成了中小企业股权融资远远大于债权融资。缺乏有效和持续的融资渠道,资本结构单一,这是由外部环境、政策、企业特点和发展历史等各种因素叠加影响形成的。而融资渠道缺乏会导致营业规模无法扩大,产品结构、市场竞争也会受到影响,甚至会导致企业不得不转向更高的负债经营,又会衍生出资本结构不合理的问题。

3. 资本结构不够合理,负债比例不均衡,偿债风险加剧

中小企业处于扩张规模时期,资本结构其实还不太稳定。资本结构的概念是国外首先提出的,国内起步较晚,国内企业能够真正将资本结

构纳入日常财务管理的不多。而资本结构能够对公司运营风险、管理能力和盈利能力等方面造成影响已经众所周知,也是财务管理理论的重要内容。

由于缺乏融资渠道,进而导致企业主要依靠内源融资进行生产,中小企业实质上负债水平是普遍偏低的,负债总体较少,随之而来的是资本结构不够合理,短期负债和长期负债的比例也不够均衡。通过对创业板上市公司财务数据的统计可以看出,许多企业的流动负债占全部负债总额均比重很大,甚至超过 90%。一方面企业没有充分利用财务杠杆效应,另一方面短期负债与长期负债比例偏高造成企业短时间内偿债风险加剧,经营环境一旦发生变化则有破产风险。负债并非越多越好,我们需要控制债务以控制债务成本的比重。同时,适度负债有利于企业经营发展、获取更大的经济效益。因此,要在竞争激烈的大环境中杀出重围,将企业发展壮大,必须具备现代企业管理的思维,提高财务管理的意识,重视资本结构优化的管理。

(三)中小企业资本结构优化配置措施

1. 控制第一大股东持股比例,推动股权结构改革,完善企业内部决策机制

既要利用第一大股东持股比例高所带来的优势,也要注意后续发展向股权多样化的方式转变,警惕第一大股东无限扩张的权利,逐渐形成合理规范有序的内部股权制约关系。可以通过股权分配、转让或回购等方式调整企业的股权分配差距。在现代商业发展中,选择专业的职业经理人和管理团队,对公司经营管理和日常运作进行把控,股东退出企业经营管理,实现管理经营权与股权分离已经成为大企业的趋势和时代发展的潮流。要保证企业长远发展,需要有专业能力的团队管理公司,面临日趋复杂的市场环境和企业规模扩大而带来的内部职能和分配方式的复杂性成倍增加,第一大股东一股独大的风险必然会加剧。从内部管理上看,需要不断完善企业内部决策机制,形成互相制约、共商共管的企业内部控制制度,各司其职,共同商议,才能确保企业发展的航船行稳致远。

第四章 可持续发展战略下中小企业的筹资管理研究

2. 不断拓展融资渠道,将企业资本结构优化作为一项重要管理工作

中小企业应当注重拓展融资渠道,除了采用发行股票等传统方式募集资金外,还应设法多渠道融资,如银行贷款、发行债券等,尽量充分利用财务杠杆的条件。但是也不得不看到,中国的债券市场发展仍处于初期发展阶段,能够在债券市场融资的企业数量还太少,能够在债券市场发行债券的企业,除了达到一定规模,同时也需要承担较高的债券发行成本。而中小企业本身实力短板较为明显,规模较小,在融资时很难倾向采用债权融资的方式,因此在中小企业的内源融资远远大于外源融资。可见,中小企业只能将发行债券融资的手段作为未来发展的一个目标和备用方式。

根据现代财务管理理论,适度的负债(资产负债率50%左右)对于企业发展而言最为有利。适度负债能够充分利用财务杠杆的效应,对公司整体收益能够起到事半功倍的作用。根据统计,以创业板上市的中小企业为例,平均资产负债率指标的均值在30%左右,部分公司的资产负债率甚至低于10%,最低值甚至在10%左右。这些数据表明,中小企业的负债水平还远远达不到最合理水平,仍要进一步加大资产负债率。因此,中小企业想要谋求更大发展,应尝试增加负债融资的比例,寻求资本结构的优化。在有条件的情况下,设立专门的资本控制和管理部门,建立企业资本结构警戒线,设立风险预警机制,对企业经营的资本结构进行有效监控。计算出企业最为适宜的资本结构比率,提高负债水平,控制负债资本成本,将资本结构保持在较为合理的范围内。

3. 重视调整负债融资的构成,抵抗市场变化带来的风险

许多中小企业为新行业如高新技术企业,发展的历程还较短,整体发展还不够成熟,盈利的模式还不够稳定。随着企业进一步发展,要逐步调整当前的债权结构,尝试并重视加强债务融资,同时改变过分依靠股权融资的现状,逐步提高长期负债的比例,改善企业整体的资本结构,避免过度利用股权融资的现状。同时,公司要注意控制短期负债的比重,短期负债的周期短,如公司经营面临困难,却随时需要偿还短期负债,就极易引发财务风险,引发资金链断裂等极端困难,影响企业经

营,甚至面临破产的风险。因此,中小企业应不断调整公司的债务水平和债务结构,调整短期负债和长期负债的比例,将债务筹资向长期筹资倾斜。因此,将债务比例提高的同时,应将短期负债向长期负债转化,寻求更加稳定的债务融资比例,注重改善公司的负债结构,提高自有资金的盈利能力,同时推动企业经营规模的扩大。

4. 不断加强企业内部建设,提高公司管理水平

中小企业应采用各种办法不断加强公司核心业务的竞争能力,创造良好的口碑,不断提高企业的影响力和知名度。注重企业口碑的建设,提高诚信意识,提高企业的社会信誉度。加强对公司的宣传,培养长期合作伙伴,不断吸引投资者的眼光。重视建立现代企业制度,重视技术创新,防止简单复制、低端制造,不断与时俱进,跟上变幻莫测的市场,打造企业核心竞争力。中小企业很容易家族式发展,家族式的一个缺点就是无法走出家庭小作坊的模式。要想突破式发展,首先得改善公司治理环境,完善治理结构,规范机构设置,引入规范管理和完善相关的规章制度,包括激励机制、约束制度、财务管理、人事管理和岗位职责等制度,构建人才进阶、考核和晋升机制,使公司员工有价值感、获得感和安全感,确保企业成长期人才不流失,能够持续为企业所用。

5. 深化金融市场改革,完善我国股票市场

首先,政府可以实行宽松的市场准入和扶持政策,为企业与银行间的合作架起一座桥梁,从而促使银行为企业提供更好服务。其次,政府可以加强信贷管理体制的创新,建立符合企业的信贷审批机制,为不同行业和规模的企业制定相应的审批条件。这样可以促使企业按照自己的实际需要来选择融资方式,进而优化资本结构。

6. 合理利用税收杠杆

国家金融管理部门应该合理地利用税收杠杆,引导企业调整资本结构,使其在动态中达到均衡。通常情况下,企业在进行内部资本结构决策时,会将税收作为考虑的因素之一。研究表明,自所得税改革后,税率

降低明显地降低了企业的债务水平,而税率提高,明显地提升了企业的债务水平,二者债务水平趋于一致,证实了税盾的存在。因此,金融管理部门可以通过适当的税收政策,从宏观层面来引导企业资本结构调整,用税收影响企业的资本结构,从而使整个金融市场中形成比较均衡的资产负债率。

7. 拓展中小企业融资渠道

中小企业应加强与金融机构的合作,拓宽企业的融资渠道。中小企业可以通过推动企业上市获得债券、建立中小企业投资机构等方式来优化资本结构。

8. 重视资本结构与资金配置优化

企业在自身经营过程中,应综合参考自身状况与未来发展战略,针对自身资本结构进行动态调整,使得资金配置得以合理化。中小企业在融资方式、融资能力上与国外企业相差甚远,其中的一个重要因素就是很难提供符合金融部门要求的担保品。因此,政府可以成立相关组织机构将各企业联系起来、合作起来共同抵制行业风险。

第四节 可持续发展战略下中小企业筹资现状分析与应对策略

一、中小企业筹资现状与困境

2022年,我国中小企业总数突破5000万家,在全国企业总数中的占比超过99%,对国民经济和社会繁荣做出了巨大贡献。然而,规模小、基础薄弱、管理粗放等特点使中小企业长期面临筹资约束,企业的可持续发展受到资金问题的制约。

（一）筹资难度大

（1）中小企业缺少用于抵押担保的资产。中小企业规模较小,盈利能力较差,往往缺少足够的抵押资产,难以符合银行的贷款条件,也很少有企业愿意为中小企业提供担保,这些因素极大地增加了中小企业被拒贷的可能性。

（2）中小企业财务管理水平低,信息不透明。中小企业由于管理经验、管理人员缺乏,财务制度、内控制度等不健全,在资金使用管理过程中更容易出现问题,财务信息披露不完善使银行难以对资金进行有效监管,为了规避风险,银行不愿意向中小企业发放贷款。

（3）中小企业风险承担能力弱。中小企业由于经营规模小、基础薄弱、管理水平低等原因,具有较低的抗风险能力,对于银行来说,稳健经营是其运作的一个重要原则,因此银行一般不愿意放贷给信用等级较低的中小企业。

（4）金融市场不完善,企业筹资渠道单一。目前我国的信贷体系以商业银行为主体,大多数中小企业的筹资来源主要是银行和信用社的贷款,然而银行的放贷意愿并不高,同时,中小企业的上市、发债难度也不小,这些都增加了中小企业的筹资约束力。

（二）筹资成本高

（1）银行贷款成本高。目前中小企业仍主要依靠银行贷款获取外部资金,银行向中小企业发放贷款时会通过缩短期限、提高利率等方式在企业那里获得高风险的补偿,这会增加中小企业获得贷款的成本。

（2）非银行金融渠道贷款成本高。当中小企业面临资金短缺而无法通过银行贷款、发行股票、债券等方式获取资金时,就会通过非金融渠道筹资,这同样需要付出很高的贷款成本,不利于企业的可持续发展。

（三）筹资风险大

高额的利息成本使中小企业的盈利压力增大,可能面临不能按期偿

第四章　可持续发展战略下中小企业的筹资管理研究

还的风险,使企业正常的生产经营受到限制。

中小企业的特点使他们很难获得足够的长期贷款,企业短贷长投的行为屡见不鲜,负债与资产的周期不匹配,会使企业在日常经营活动中无法拿出额外的资金偿还短期债务,从而增加企业的经营风险和财务风险。

任何企业在运行过程中都会遇到突发状况,出现资金无法周转的问题,大型企业可以通过合作关系进行协商或再融资等方式缓解资金周转问题,而中小企业本身就面临较高的筹资约束,应急能力较差,由此可能带来更大的风险。

二、解决中小企业融资困境的对策

（一）中小企业提高自身素质与能力

造成中小企业筹资难的众多因素中,盈利状况不稳定、信息不透明、管理水平低下等都是来自企业的内部因素,为了解决筹资难问题,中小企业需要先从提升自身能力与素质入手。首先,中小企业要结合自身发展特点与外部环境,制订合理的经营计划,并严格监督计划的实施,尽可能避免突发事件对企业经营活动和财务状况产生负面影响。其次,中小企业需要规范内部管理,提高财务管理水平和内部控制水平,构建良好的信用体系。此外,企业应尽可能详细披露可公开的信息和数据,减少信息不对称程度,吸引外部投资者对企业的关注和了解,自觉接受监督,提高信用等级,树立良好的法人形象。

（二）政府加大扶持力度

为了扶持中小企业发展,政府采取多种措施帮助中小企业解决筹资难问题。政府扶持最常见的措施是减税降费和财政补贴,如北京地区专精特新企业可享受 300 万至 1000 万元的补助,政府通过实施相关政策向外界传递积极信号,可以有效吸引投资者,缓解中小企业的筹资约束。近年来,政府引导基金快速发展,与传统财政补贴不同,政府引导基金引入了市场机制,充分吸纳社会资本,共同支持中小企业可持续发展。此外,政府还会通过政府采购支持中小企业筹资,鼓励金融机构依据政府采购合同向中小企业提供优惠的筹资服务。

（三）创新金融产品

银行业金融机构依托政策优势推出了多项金融创新产品,有力推动了企业创新筹资策略的进程。在资金筹集过程中,为迎合普惠金融的国家政策和中小企业筹资活动的需要,金融机构会推出各种金融产品,是金融市场创新的产物,以资产证券化为代表的金融创新工具也成为企业筹资新方式。金融创新产品降低了企业融资成本,帮助企业解决了运营资金周转问题,实现了银企双赢。同时,金融创新产品的落地也表明,企业可以突破地域限制,解决"走出去"的融资需求。相对于传统业务内保外贷,节省了保函费用,进一步降低了实际筹资成本。金融创新产品也为企业提供了服务境外公司客户的机会,延展客户范围,提高国际化程度,树立了跨境筹资业务创新示范。

（四）合理利用互联网融资

互联网金融是利用互联网技术进行资金融通、金融信息交换等活动的新模式。传统金融机构具有低风险偏好,使金融资源难以惠及中小企业,而互联网金融作为新兴筹资工具,推出一系列普惠金融产品和服务,降低了中小企业的筹资门槛,拓宽了中小企业的筹资渠道,有助于转变中小企业以银行贷款为主的筹资模式。同时,互联网金融缓解了银企之间的信息不对称,简化了金融服务程序,克服了传统金融的缺点,可以有效降低筹资成本、提高筹资效率。但目前我国的互联网金融发展并不完善,缺乏健全的监督体系,存在较高的违约风险、技术操作风险等,因此中小企业在享受互联网金融带来便利的同时,还要注意防控它造成的危害和风险。

第五章 可持续发展战略下中小企业的投资管理研究

投资战略管理关系着企业的生存与可持续发展。对于中小企业来说,由于其在投融资的时候,容易受到外界环境等因素的影响和干扰,如果管理不恰当,很容易出现重大财政危机。具体来说,当前我国的资本市场环境还不够成熟,中小企业的投资风险管理还存在很多问题,一些中小企业由于投资风险管理不善,导致其威胁了自身的经营发展。面临这些问题,中小企业有必要在进行投资时构建科学、合理的投资管理机制,优化企业自身配置,提升企业的核心竞争力,推动企业可持续、高质量地健康发展。

第一节 可持续发展与中小企业投资管理目标

企业进行投资是指企业将其闲置的资金通过投放在一定的领域,期望在未来获得一定收益的经济行为。投资管理(Investment Management)是企业的一项金融上的业务,主要针对的是企业的资产及其证券,有时候也包括一些加盟连锁、商业投资和项目投资等内容,目的是为投资者做出相应的金融分析、股票筛选和资产筛选等,达到投资者的投资目标。

一、企业投资的内涵及分类

（一）投资的内涵

投资是指某一个特定的经济主体在一定期限内向一定领域投放资金或者实物的货币等价物，以期在未来的某个时间点获得收益的经济行为。这种收益的获得是补偿投资者的投资资金被占用的时间，即资金的时间价值的因素。因此，投资是带有财务风险的一种经济行为，企业经营者或者其他投资者在进行一定的投资决策时，需要结合自身的实际情况，充分考虑到投资的风险性、回收收益的不确定性、回收期限长等特点，合理安排投资行为。投资无论是对企业还是社会来说，都有着十分重要的作用。对企业来讲，投资是企业的管理者对企业闲置资金的再利用，若投资选择得当，则该企业不仅可以加速资金的使用率，而且可以提升企业盈利的水平。对社会来说，企业的经营者或者是其他投资者对某一项目进行投资，必然会投入一定的人力资源和物质成本，这样一方面可以给社会失业人员或者待就业人员提供一定工作机会，另一方面可以提高社会总的生产水平与消费水平，最终促进社会经济的增长。

（二）投资的分类

投资按照不同的标准可以划分为不同种类。其中，按照投资期限长短的不同，可以分为短期投资、长期投资。短期投资指的是投资者把其闲置的资金进行短期投资，谋取一定收益的投资行为。这个期限一般不大于一年，企业投资的领域一般选择的是一些易于变现的投资对象，如股票、债券等。长期投资一般是指投资者把资金进行长期投资的经济行为，这种投资不是为了谋取投资的收益，而是为了实现对受资企业直接或者间接的控制，提高其在受资企业的决策影响力。这个期限一般大于一年，投资的领域主要为长期的债券投资、长期的股票投资等内容。

第五章 可持续发展战略下中小企业的投资管理研究

1. 按照投放内容的差异进行分类

投资可以分为实物投资、证券投资、货币投资。实物投资是投资者对某些固定资产等实物进行投资的一种经济行为。通常情况下,实物投资是把这部分实物或者是材料等按照一定的计算标准折算为资产的价值,以资本的形式计入受资企业的投资额。证券投资是指投资者通过购买某个企业的股票、债券或者是基金券等有价证券,从而为投资者谋求利息或者差价的一种投资行为。通过证券投资,投资者可以直接或者间接地控制受资企业的经营管理权,有利于改善受资企业的经营管理,提升其经济效益,最终提高投资者的收益。货币投资指的是投资者用货币资金直接进行投资,货币资金主要包括现金、银行存款或其他形式的货币资金。投资者用货币资金进行投资,相对其他投资形式来说更为直接,但是投资者在选择货币投资对象的过程中,需要对受资对象进行财务上的考察,确定其有偿还的能力,再进行投资,避免投资失误现象的出现。

2. 按照投资性质的不同进行分类

按照投资性质的不同进行分类的话,投资可以划分为债权型投资、权益型投资和混合投资。债权型投资的含义是一个企业通过向另一个企业进行投资,从而获得该企业债权的投资行为,这种债权型投资行为会使得投资者与受资企业之间形成相应的债权与债务关系。投资者选择债权型投资,就是为了可以从受资企业中获取高于银行存款利率的利息,提升企业的利润水平。债权型投资风险相对较低,但是投资者不能直接或者间接地参加受资企业的经营管理,因此其收益水平也较低。投资者在做出对某一个企业的债权型投资决策时,必须考虑受资企业的偿债和支付能力,以便投资者可以在约定时间内收回投入的资金和获取相应利息,避免资金收不回来的现象出现,给投资者带来经济损失。权益型投资指的是一个企业为了获得另一个企业的权益或者是其他净资产而对另一个企业所进行的投资行为,目的是获得对这一企业的控制权或者是绝对影响力。企业进行权益型投资可以参与受资企业的财产分配,也可以参与其经营管理,会给投资企业带来较高的收益。但是企业在进行权益型投资的过程中,不能从受资企业中撤出投入的资金,只能依法进行投入资金的转让,这对企业的投资者来说,有着较大的投资风险,所以需要投资者在进行权益型投资的决策过程中,充分考虑自身的能力和受资企业的经济情况。混合型投资是债权型投资和权益型投资的综合体,其具有债权型投资和权益型投资各自的优点,并且能有效地避免债权型投资和权益型投资的弊端,可以实现二者之间的自由转换。①

二、企业投资管理的基本要素和特点

投资管理(Investment management)是企业对外投资和对内投资的总称,指按照总体经营战略要求和企业财务目标,扩大生产经营规模,通过对外投资方式拓展企业经营规模,全局性谋划有关投资活动的管理方式。根据企业战略目标来决策投资方案,通过评价、分析、比较投资项目规模和收益,选择合适的投资方案或项目,以追求最佳投资效果和经济效益,提升企业投资价值。

(一)企业投资管理的基本要素

实施投资管理应该包括三个基本要素:战略思想、战略目标和战略内容。其中,战略思想指的是企业在制定投资管理目标时应当遵循的原则,也是企业长期投资运筹帷幄的灵魂。投资管理目标是企业实现投资管理理念的具体标准,是企业在未来较长时期内投资方向、投资规模、投资方式、投资水平、投资风险、投资能力、投资评价以及投资效益等方面的主要定量和定性目标。战略内容是企业根据战略思想、战略目标制定出财务收益、价值增值的具体投资活动,包括投资战略、管理手段、投资资金、资金使用过程、实施投资组织和预期效果等方面的规划、实施与监控。

---

① 于广敏.企业财务管理与营运资本研究[M].长春:东北师范大学出版社,2016:193.

（二）企业投资管理的特点

企业投资管理具有从属性、导向性、长期性、风险性四个方面的特点。

从属性是指企业投资管理必须服从国民经济发展战略，服从企业总体发展目标和企业财务战略目标，是企业战略目标的主体部分。

导向性是指企业投资管理以一定的经营目标为导向，以投资计划为方针实施投资措施，目标一经制定，就成为企业投资活动实施的指导原则和基本方案，是企业进一步发展的投资纲领，在一定时期内相对稳定。另外，投资管理对企业的业务发展也具有导向作用，企业通过投资管理的实施来有效配置企业内部资源，发展前景好的业务往往是投资管理实施的重点。

长期性是指企业投资管理为谋求企业的长远发展，在科学预测的基础上，确定企业投资发展的方向和趋势，也规定各项短期投资计划的基调。

风险性是指企业在实施投资管理时会受到许多不确定性因素的影响，这些因素是无法事先知晓和控制的，投资管理不能消除这些风险，也难以把这些风险降到最低，投资管理一旦失败，将会给企业带来重大损失，甚至会导致企业破产和倒闭。

三、可持续发展战略下中小企业投资决策分析

由于中小企业具有与大企业显著不同的特征，因此研究中小企业投资项目的决策分析时应针对中小企业的特点，并重新观察和思考投资项目的决策分析方法。为了对投资方案进行正确的选择，企业还需要采用一定的评价方法，对项目进行认真的分析和评价，从而做出科学的决策。投资方案的评价方法很多，人们通常按是否应用货币时间价值原理将它们分为静态方法和动态方法，或非贴现现金流量评价方法和贴现现金流量方法。是否应用货币时间原理，实质上就是指是否在评价中采用现金流量贴现方法。

大企业的投资决策分析中，应用最广泛的是现金流量贴现法，它包括净现值法、内涵报酬率法等。现金流贴现法的应用有一些前提条件，

其中比较重要的有两个：第一，投资项目未来的现金流量可以可靠地预测；第二，能以资本成本作为折现率对未来现金流量进行折现。然而，这两个应用条件对中小企业尤其是成长早期的中小企业来说是不现实的。从现金流量可预测性的假设看，未来现金净流量数据的获取是建立在资料占有比较充分的基础之上的。这对中小企业决策者来说不仅有困难，而且成本也太高，换言之，也是不经济的。由于中小企业的经营环境要面临更大的不确定性，在预测未来现金流量时通常面临着采购、生产、销售等一系列因素所带来的困难。关于折现率的确定问题，中小企业同样不具备相关的条件，由于它们很少有能力在资本市场上筹资，因此要预计其资本成本十分困难。

从总体上看，与大企业规模大、相对频繁的投资项目决策不同，中小企业的投资规模普遍较小且投资决策不太频繁，因此投资决策不一定采用现金流量折现方法。此外，一些应用条件也限制了现金流量贴现方法在中小企业投资决策中的直接运用。一般情况下，中小企业更偏好计算简便、易于理解、便于操作的投资回收期法和投资利润率法。这就产生了一个矛盾：一方面，主流财务理论在现金流量的决策运用方面已经基本达成一致，普遍认为，现金净流量比会计利润更能客观反映投资的收益，而且在运用贴现分析技术时，几乎不得不采用现金流量的观念；另一方面，广大中小企业经营者的头脑中却没有现金流量的概念，他们追求利润最大化，更习惯于使用会计利润。造成这个矛盾的原因是多方面的，突出表现在：非贴现方法不仅成本低，资料易于取得，而且学习成本也较低，比较容易掌握。当然，使用会计利润等数据时，企业必须保证该数据的可靠与相关，因此中小企业应当具有较完善的会计制度。此外，为了将决策的误差水平控制在一定范围内，投资项目的投资额不应该过大，投资期限不应很长；否则，非贴现决策方法的误差会很大。

四、可持续发展战略下中小企业投资的误区

中小企业在进行投资管理时，其投资管理方式还不够完善、管理理念相对落后，且不能进行科学的投资规划，从而使得投资项目在进行过程中，不能及时地规避风险。投资管理存在的诸多问题，严重影响了中小企业的生产活动。

第五章　可持续发展战略下中小企业的投资管理研究

（一）缺乏长期投资目光和长远布局

如今,很多中小企业在选择投资项目时,会根据市场需求的变化而变化,当消费者出现对某一产品和服务追捧时,中小企业便会加大对该产品和服务的投资力度,从而满足商品的社会需求,吸引消费者,这可以为企业带来短期的利益,然而一旦消费者的喜好发生转移,生产该商品的中小企业将会面临需求骤减、利润减少甚至转盈为亏的风险和困境,这些很大程度上都归于中小企业高层管理者在进行投资决策时缺少战略规划和长期布局,目光短浅,只考虑到眼前利益,而不考虑企业的未来长远发展,并没有做出详细的战略规划和投资计划,而是迅速做出决策进行投资,这样虽然会带来短期利润的增长,但是从长远来看,盲目的投资只会造成企业亏损。中小企业由于其经营规模不大,在市场中并没有占用较多的市场份额,因此在获取信息时处于劣势,当消费者需求发生转变时,自身来不及调整投资战略和方案,只能生产出消费者原先喜爱的产品,这会造成资源的浪费,从而导致库存积压、资金不流转、现金流出现严重的问题。总之,缺乏长远投资目光是目前中小企业面临的重大问题之一,不仅会造成投资项目的失败,还会对企业的长远发展产生严重影响。

（二）投资管理者的综合管理素质偏低

目前,中小企业投资管理者的综合管理素质普遍偏低,很多中小企业的老员工并不具备专业的投资管理技能,并且随着时代的演进和社会的进步,很多投资理念都已经过时,如果不进行及时更新,中小企业会逐渐被市场淘汰。投资管理者的综合管理素质会极大地影响投资项目的质量与项目收益情况,这就需要管理人员不仅要在理论知识、技术认知等方面具有过人的本领,更需要他们具备高超的风险管理能力、人际交往能力以及随机应变能力和资源整合能力。投资管理工作是中小企业开展经济活动的重要手段,然而中小企业投资管理者的业务水平较低,在思想上不具备现代化意识,在行动上更是体现不出专业素养,没有形成一整套的投资管理体系,使得各个环节相衔接。部分投资管理者只注重企业的短期利益,而没有为长远发展考虑,有时还会为了一己私利,将个人利益放在企业利益之前,以不正当的手段谋取私人利益,投资的每一环节都需要进行金钱交易,部分投资管理者甚至会找到漏洞,违反企业的规章制度,严重地损害企业投资项目的收益。中小企业投资管理者素质的参差不齐,直接关系到中小企业的经济利益。

(三)缺乏科学的风险预测机制和风险管控体系

每个中小企业的投资项目都面临一定程度的风险,投资风险是不以人的意志为转移的,是固定存在着的。中小企业虽然无法彻底规避风险,但是可以采取措施尽量减少风险给企业造成的损失。然而,目前中小企业缺乏科学的风险预测机制,在风险来临之前并不能做到科学预测,从而可以以万全的准备应对风险;也很难建立专业的风险管控体系,在风险来临时,企业也无法快速地调整投资战略,以减少风险造成的损失,进行及时止损;在风险过后,中小企业也不能充分地调动资源以尽量弥补此次风险给企业带来的危害。投资风险可以分为可控风险和不可控风险,不可控风险主要指的是市场不确定因素所带来的市场风险,这是中小企业难以把控的,与自身的经营管理活动没有任何关系,中小企业应该将更多的时间和精力放在可控风险即对内风险上,这样可以最大效率地降低成本。投资管理人员也应该进一步提高规避风险的能力,借助外部第三方专业机构,建立专业的、完善的、与时俱进的风险管理体系,然而部分私营中小企业投资管理者在进行项目投资选择时,主观随意性较大,没有树立明确的风险意识,随机应变能力也急需加强,因此造成项目风险过大,不利于企业的再投资。

五、可持续发展战略下中小企业投资战略选择

为避免投资误区,中小企业应该采取合理的投资战略和策略。没有长期战略的指引,中小企业的投资很可能陷入短期利益的迷雾中。由于规模的限制,中小企业的有限资源在短期内很难实现整合优势,因此中小企业首先必须认清自己在市场中的竞争地位,并据此制定一个总体的长期投资战略。

第五章　可持续发展战略下中小企业的投资管理研究

（一）正确处理与大企业的关系

在大部分产业领域,中小企业是依赖大企业的发展而生存的,当然,这种依赖绝不是"寄生"关系,而是一种"共生"关系。"共生"是互惠的,不可分割的关系。傅贤治认为,中小企业必须为大企业创造价值链剩余,才能获得长期生存的基础。但中小企业之间争夺与大企业"共生"关系的竞争却十分激烈。

中小企业需要充分认识到,自身和大企业之间是一种共生的利益均衡关系。如何培育这种关系,可以从内部和外部两个方面着手。从内部看,中小企业需要积极培育自身的核心竞争力。企业首先需要分析自身的内部资源和条件,包括资金、技术、不动产、设备、无形资产、劳动力等一切可利用的企业资源,分析和认清自己的长处和优势、短处和劣势,找到内部潜力的挖掘和发展方向。这是企业培育核心竞争力的重要前提。国外许多中小企业由于有自身独特的技术或者核心竞争力,能够与大企业长期保持合作关系而不至于成为后者的附庸。从外部看,根据迈克尔·波特提出的几种竞争战略,由于中小企业在规模上的劣势,其成本领先战略的实施不大现实,不过,企业可以在差异化和集中战略上有所作为。中小企业可以通过创新能力的提高和专业化道路,奠定自身的生存基础。在某些专业领域,中小企业依靠技术创新,不断改善大企业的价值链水平,从而成为大企业不可缺少的一部分,而且高度的专业化也使中小企业获得了一定的成本优势。总之,在制定相应的竞争战略时,企业应该充分认识所处环境的竞争状况,包括竞争对手、供应商、目标市场、替代品以及潜在的进入者。

（二）合理的多元化投资战略

中小企业在开展投资项目时,由于其前期经验不足,可以先借鉴市场上大型企业的投资商业模式,学习并掌握多元化项目实施方法,从中选择合适自身发展条件的项目进行投资。在符合国家相关金融投资政策的条件下,挑选市场发展前景良好的投资,充分发挥自身优势,不断创新投资模式,做好企业技术创新和方法创新,拓展企业发展渠道,扩大企业投资范围。

但是多数中小企业自身的资金实力不足以支撑企业进行多元化投资,中小企业面临的外部融资约束会提升企业的财务风险。同时,中小企业的多元化投资需要以现有生产经营活动作为保障,避免因为短视而贸然开展与企业自身不相关且企业并不了解的项目,影响企业可持续发展。因此,中小企业在投资前也要有专业分析及调查,同时要结合自身情况选择适宜的投资项目。在这时,全面管理措施就能发挥实际作用,从项目的考察、调研,到最后的实施都能在可控范围内进行,通过前期预算,对实际实施过程中存在的问题进行分析判断,并在第一时间采取良好的对策。

在正确定位的战略指引下,中小企业也可以培育自己的核心竞争力,并获得可持续发展的能力。

第二节　可持续发展战略下中小企业对内投资管理

一、可持续发展战略下中小企业对内投资管理的步骤

投资管理的实施就是把生成的投资管理及设计好的战略方案付诸行动。它涵盖的内容很广,包括贯彻投资管理的所有手段,如组织结构、组织文化等。美国学者塞缪尔·塞托和彼德·保罗提出了一种包括五个任务阶段的战略实施模式,这种模式也适用于投资管理。投资管理的实施可以分为以下五个方面:分析投资战略、分析组织结构、树立投资文化、选择实施方式、实施投资控制。企业应在分析企业战略变化的基础上,分析企业的组织结构和组织文化,寻求最佳战略投资实施方式,最后进行投资实施与控制。

(一)分析投资战略

投资管理实施的第一步是对新旧战略进行对比,找出要使新的投资管理实施成功,需要在哪些方面和多大程度上做出调整,如新的投资领域还属于原行业或原领域,那么只需要做较小的调整。如果新的投资领域属于一个新行业和新领域,就需要重新制定企业投资管理的方向,行业差距越大战略变化程度也越大。

（二）分析组织结构

组织结构对保证投资管理实施的成功具有重要作用。组织存在正式和非正式的两种结构形式。正式组织结构代表管理当局规定的各种资源之间的关系。因为投资管理实际上代表着资金在企业组织中的重新配置,故其必然会影响到组织内部的资源关系。另外,原有组织结构是以前投资管理实施所形成的,它有维护自身地位、利益等方面的本能反应,如不按新战略对其加以调整,势必会对企业实施新的投资管理形成阻碍。当然,管理者在分析正式组织的同时,也应考虑非正式组织的存在及影响,并应设法充分利用非正式组织来促进战略实施。

（三）树立投资文化

组织文化不仅影响投资管理的生成,而且影响投资管理的实施,它包括组织成员的共同信念、价值观等。组织文化的形成与改变需要较长一段时间。如果企业的投资是在原行业内,那么在现有组织文化范围内就能实现。但如果企业投资转入新的行业,需要重新定向时,那么就必须进行组织文化的变革。

（四）选择实施方式

投资管理的实施方式是指组织、管理投资项目实施活动的形式。一个投资项目被批准之后,如何尽快完成实施任务,一个重要问题是如何选择合理的实施形式,如自营方式、承发包方式或综合方式等。

（五）实施投资控制

企业投资战略策划、实施和管理都离不开严格有效的投资控制,合理的控制措施是其顺利实施的可靠保证。为避免在实际投资阶段出现短期投资与长期投资的风险与收益波动,投资控制的强化显得尤为重要。在经营投资与战略投资的实施过程中,企业应遵循投资战略,加强对经营投资的控制，以确保经营目标的顺利实现。

二、可持续发展战略下中小企业对内投资管理的控制

任何企业战略的顺利实施都离不开严格有效的控制，企业投资管理也不例外，合理的控制措施是其顺利实施的可靠保证。为确保资金的实际投资符合战略要求，至少应从以下三个方面采取相应的控制措施：业务性控制、政策性控制和程序性控制。

（一）业务性控制

业务性控制是指企业根据企业战略的要求，把企业的业务划分为经营性业务与发展性业务两部分，把资金也相应地划分为经营资金和战略资金两部分。经营资金用于经营性业务的发展，战略资金用于支持新的发展性业务的发展。经营性业务明确、具体，短期效益往往较高且明显，易于计量，与有关经理人员的切身利益关系直接，而新业务和发展性业务的风险和不确定性较大，短期效益较低且不明显，不易计量，对经理人员的直接压力较小，与其利益关系不是很明确。因此，如果在资金投放过程中，对经营预算和战略预算不加区分，则大部分资金往往会被经营性业务所占用。而关系到企业长远发展，对企业战略至关重要的一些新业务和发展性业务却常常得不到足够的资金支持，从而被迫取消或推后。久而久之，企业的战略机会将会一个个地丧失，竞争优势将被逐渐侵蚀。

（二）政策性控制

控制投资管理实施的另一个重要工具是制定投资政策。投资政策是企业根据企业战略指导资金配置的具体指南，它可以明确资金投放的优先次序，指出资金投放的重点方向，限制资金流向不需要投资的领域，减少资金实际投放过程中的不确定性，增强企业内部对资金投放的共识，从而有助于保证资金投向符合企业全局和长期利益需要的项目上。企业重要的投资政策一般包括以下几方面内容。

1. 关于投资优先次序的政策

当企业资金不能满足全部投资项目需要的时候,企业不能平均配置资金,而应当集中有限的资金投放于符合战略要求和必须进行的重点投资项目上。为了保证资金在需要时易于集中,应制定投资优先次序方面的政策。一般情况下,企业应首先投资关系企业生存与未来发展的项目,其次投资使现有业务业绩更佳的项目,然后是使企业现有经营体系更加平衡的项目,最后将剩余的资金作为紧急储备金和奖励金。

2. 关于投资管理与企业战略相联系的政策

为了保证投资管理符合企业战略的要求,企业应该有明确的政策规定,即对每项投资都需一份书面报告,说明所投资的项目将对现行企业战略的实施产生什么样的影响,从而把投资与企业战略联系起来。这个政策的主要作用是保证再投资管理的制定与实施,除了考虑投资收益与其他短期成果外,还会兼顾企业的整体利益。

3. 关于投资的限制性政策

限制性政策是指投资管理实施中不应该如何之类的指导,以阻止资金被投向与战略无关的方向。任何与限制性政策相违背的建议都不予考虑,如果确实有非常吸引人的建议必须要采纳,就得重新审查战略。制定这种政策很不容易,但一旦制定出来,这些政策就能迅速把与战略明显不协调的建议筛选掉,从而大大加快投资管理的实施进程,保证投资管理的质量。

总之,制定明确、合理的投资政策有助于解决或防止投资管理实施过程中可能产生的冲突,从而在一定程度上保证战略的顺利完成。

(三)程序性控制

所谓程序性控制,是指企业应该通过合理程序对投资管理的实施进行调控。一般而言,企业目前的投资程序主要有两种:自下而上和自上而下。自下而上这种程序是首先由下级单位提出投资建议或资金需要计划,然后逐级上报批准、分配后再执行。自上而下的方法则是由高层管理人员根据企业战略设想出非常具体的实施战略的方法,提出资金配置方案,然后交由基层人员执行。

从战略管理的观点看,自下而上和自上而下两种程序都有其合理性,但又都不尽完善。对投资管理的有效控制,需要综合运用自上而下和自下而上两种程序。一种简单而有效的投资程序是,首先最高管理部门应该根据总的经济展望、市场趋势和本企业总的资金状况,对战略推进计划和相应的资金投放提出初步的设想与安排,并自上而下地进行沟通,使各层次管理人员明确企业的总体战略设想和长期利益需要。

三、可持续发展战略下中小企业对内投资管理的创新策略

（一）充分利用信息技术的优势,提高实业投资收益

有些领先的企业无论时代繁荣或萧条,都持之以恒地进行战略投资。因为这些公司在对革新型的创业公司进行股权投资时,往往是从战略目标的考虑出发,而不是片面追求经济效益,这样他们到时就能收获战略与经济的双重回报。沃顿商学院管理学教授加里·杜希尼茨基说:"随着新兴科技的不断涌现,大型公司已经意识到他们不再占据科技垄断地位。他们需要工具来审视、确认、运用或利用其他公司研发的创新或革新技术。"企业风险资本就像是三脚凳的一条腿,强大的内部研发能力以及与学术或政府研究机构的强强联盟则是另外两条腿。杜希尼茨基指出:"从战略角度出发的项目会挖掘自身的业务与其他公司的业务之间的协和优势。"这种项目能够创造出真正的价值,并将价值转化为可观的经济效益。

进行战略投资以获得外部创新技术的公司一般都拥有强大的内部研发能力,这两者互相补充,而不是为争取研究资金而互相取代。要从企业资本投资中有效地汲取经验,充分利用信息化的能力必不可少,如果企业想要从它所投资的项目中获得利益,它必须首先具备充分的信息技术优势。一些知识产权保护意识较强的产业(经常是信息科技行业),则对自己的创新技术总是秘而不宣,因为他们害怕如果过早地泄露给潜

第五章 可持续发展战略下中小企业的投资管理研究

在的研发伙伴,该技术可能会轻而易举地被其他公司抄袭。企业风险资本往往是"捅破这层纸"获取创新技术的"唯一工具"。

多年来,很多事实可以证明企业资本投资与信息技术密切相关。这种关系在某些行业尤为突出。例如,创业者与有意投资的公司之间的投资博弈,在企业投资或收购的谈判过程中往往会因为信息不对称而形成投资偏差,经常因信息不对称而发生投资失误。企业风险资本与公司价值之间的积极关系在设备和信息技术行业最为明显。有证据表明,当企业风险资本投入旨在进入科技领域,而不是仅仅为了获得投资回报时,这种投入的贡献最大。

(二)优化产权结构

企业如何才能保障投资收益,如何才能通过投资战略、投资方式的改变影响不同的投资板块形成;如何贯彻母公司与分公司、子公司之间贯彻投资的战略意图,通过投资优化产权结构管控体系,建立确保资本注入公司合法合理的决策机制;如何符合经济发展、产业定位、企业规划需要。必须优化产权结构。优化产权结构就是根据投资企业财务目标,扩大资金筹集,调整产权结构,构建和着力打造的企业核心产权体系。企业投资的产权结构是企业投资管控体系的关键,获得投资收益的保障。

依据经济运行规律,宏观经济形势,产业发展趋势调整企业产权结构,是企业投资战略制定和实施的重要内容。第一,投资管理战略创新必须把握区域经济发展、国家政策方向、世界经济动力,把握"政治、经济、产业、金融"更迭周期规律,分享发展红利。第二,投资管理战略创新应该把握发展动力的认知和规律,适应行业经济规律和产业发展方向,在企业整体战略的大前提下制定投资战略规划。第三,投资管理战略创新应该认真研究投资战略目标,探索投资战略规划,确立战略投资原则,确定战略投资方向,寻找战略投资领域,搭建战略投资组合。通过投资管理战略创新来优化产权结构,实现企业价值。

传统经济形式下产权结构优化就是以投资管理要素为核心,优化投资结构与方式,通过企业兼并、收购、参股、控股等股权投资形式取得被投资企业股权和投资收益。优化产权结构的有效性表现在企业投资的经济绩效,最根本的是能否促使企业经济效益可持续增长。优化产权结构就是最大程度上降低资金交易成本,提高投资效益,激励生产性投资进一步落实。

优化产权结构重点是通过产权结构优化突出投资管理的横向关系。投资规模管理的主要内容是投资者之间的经济业务模块间的关联关系,如何通过实现不同投资业务联动作用,发挥投资协同效应,提高投资对象的相互关联,放大投资组合优势。投资管理的过程包括投资事前管理、投资事中管理、投资事后管理,促进投资管理形成紧密联动的闭环管理体系。

(三)实现投资的多元化发展

第一,完善财务管理系统。当前我们进入了大数据时代,数据成为驱动经济社会发展的新要素、新引擎,财务管理环境和运作模式也随之发生了变革。为提高企业的适应能力和应变能力,应调整财务管理政策,改变财务管理方法,开展智能型财务管理。通过企业管理系统的智能化,实现财务系统和业务系统的数据实时在线,提供智能化的决策支持。

第二,业务财务协同服务。企业的内部控制管理系统通常会面临多系统、多组织、多权限的问题,财务系统只是企业内部控制管理系统中的一个分支,所以财务工作只有有机地融入业务、支持业务、服务业务,才能够实现整个企业管理系统的交互融合,才能够为企业经营创造更大的价值,才能给领导层提供有效的经营决策以及管理信息。这就要求财务人员学习和了解公司的业务运行情况,站在业务角度去感受、评价和改善财务问题,提升发现财务问题、解决财务问题的能力,从而培养出"既能跳出财务看财务,又能回到财务做财务"的复合型人才。同时,也要坚持业务财务协同服务的双向性,坚持财务走向业务、感受业务,鼓励业务走向财务、理解财务。

第三节　可持续发展战略下中小企业对外投资管理

我国中小企业数量猛增,营业收入和利润大幅度提高,缴纳税金明显增多,目前仍在继续以良好的态势和飞快的速度向前发展。成绩辉煌,显而易见,实实在在。但是,沧海沉浮,大浪淘沙。成功的企业大步发展了,而失败的企业,虽有种种理由开脱解释,但主要原因却是跌倒在"投资"这块巨石前。在竞争激烈的市场经济条件下,投资有可能是成功,也可能会失败。成功当然最好,但一旦失败,损失就十分惨重。可在我国几十年的经济实践中,投资失败的事例与教训实在太多,中小企业也是如此,如"三株""飞龙""巨人""太阳神"和"德隆"等。由于中小企业发展起步时间不长,体制上又具有自己的特点,再加上管理水平相对落后等原因,在投资决策与行为上更需有科学的理念和动机,做到谨慎与科学。

一、中小企业对外投资的问题

在改革开放初期,由于自身发展限制和国内外竞争形势,我国中小企业对外直接投资规模很小,只有个别较有实力的中小企业才开展对外直接投资活动。后来随着国有中小企业的改革和私营企业的发展,我国东部沿海地区的很多中小企业为了便利出口而涉足贸易型海外直接投资,在开拓国际经济市场、带动商品走出国门、发展国际市场营销体系上发挥了重要作用。同时,还有一批中小企业开展了生产性海外直接投资,很多中小企业开始有了海外直接投资的意愿。

(一)高速发展且规模不断扩大

在 20 世纪末 21 世纪初期,中共中央提出要实施"走出去"战略,大力开展对我国企业对外直接投资的支持活动,我国中小企业对外直接投资能力明显加强,加上2002年中国加入世界贸易组织,近年来我国企业对外投资保持高速增长且增势强劲,我国中小企业的对外直接投资规模更在不断扩大,在发展中国家位居前列,我国抓住机遇,成为国际上重要的对外投资国。自2002年以来,中国对外直接投资的年平均增长速度高达24.7%左右,直至2021年,我国对外直接投资流量是20年前的66倍。①党的十八大以来,中国累计对外直接投资高达1.34万亿美元,我国对外直接投资在全球对外直接投资中的影响力不断扩大,中小企业也随着对外直接投资的热潮大力推进了踏出国门的步伐。根据商务部《中国对外直接投资统计公报》,截至2021年底,中国有13000多家境内投资者在境外进行直接投资,其中将近七成为中小企业。由此可见,我国中小企业充分利用自身经营效率等优势在国际市场上谋求了一席之地。

(二)投资对象以发展中国家为主,特别是在"一带一路"沿线国家

这实际上是由我国中小企业现阶段发展状况决定的。商务部2021年关于我国企业对外直接投资的统计数据显示,我国对外直接投资的中小企业投资对象国主要是发展中国家。中国企业大多有出口产品的丰富经验,但企业开始大力转向对外直接投资,这说明本国市场已经达到饱和,中小企业被国外新市场所吸引,纷纷把发展目光投向国外,以寻求新的发展点。同时,我国对"一带一路"沿线国家投资领域广泛,在2021年我国对其直接投资金额更是达到241.5亿美元,创下历史新高,这几十年来稳步增长,且对比2013年翻了一番。②同时,我国中小企业以资源开发型和加工制造型为主,根据其投资区位分类,资源开发型对外直接投资主要分布在澳大利亚、美国和非洲、独联体国家等国家和地区,加工制造型对外直接投资主要分布在东南亚、非洲、拉美以及东欧、中亚等地区,高新技术型对外直接投资主要分布在发达国家和新兴工业化国家。

---

① 数据来源:中华人民共和国商务部。
② 同上。

（三）投资趋向于以并购为主

由于缺乏资金或者经验等，前些年走出去战略处于起步阶段时，我国中小企业对外直接投资采用的形式是以资源开采业和制造业为主的绿地投资，但是绿地投资具有周期长和回报慢的缺陷，大大降低了中小企业对外投资发展的效率。随着不断对外实践，我国中小企业在对外直接投资中发展前景良好，在国际市场上已具有一定的竞争力，在对外直接投资中，兼并、收购等方式开始被广泛使用。而且，在成为我国对外直接投资重要力量的同时，我国中小企业表现出巨大的发展潜力，极有可能成为我国对外直接投资走出去的主要力量。2004 年到 2021 年我国海外并购金额规模扩张了 10 倍，2021 年我国对外直接投资并购金额稳步回升至 318.3 亿美元，比上年增长了 12.9%，在同年我国对外直接投资总额中占比 11.4%。[①] 预计随着疫情政策的放开，我国中小企业对外直接投资并购金额会继续稳步增长直至达到平衡状态。

二、可持续发展战略下对外直接投资的优势和劣势

中小企业对外直接投资是中小企业实现跨国经营的方式之一。与国内投资不同，对外直接投资不是企业国内经营活动的简单外延，而是企业经营组织和经营要素的跨国拓展和优化，它的投资收益和风险将与国际市场环境密切相关。从总体上看，中小企业对外直接投资既有优势，也有劣势。中小企业在作出相关的投资决策时，有必要深入分析自身的优势和劣势。

（一）对外直接投资的优势

尽管受到资本规模等条件限制，但不可否认中小企业通过对外直接投资进行跨国经营具有一定的优势。从演化的观点看，中小企业的成长是一个核心知识和动态能力不断积累的演化过程。近些年来，中小企业尤其部分民营中小企业无论是财富还是竞争力和企业家素质，都有很大

---

① 数据来源：中华人民共和国商务部。

的飞跃。在现代国际经营环境中,不仅大企业具有对外直接投资的能力,而且许多中小企业也已具备开展对外直接投资的条件,只不过二者处在不同的对外直接投资演进阶段,投资的目的和动机不同罢了。从总体上看,中小企业的对外投资有以下几个优势。

1. 有利于提高企业的竞争力

中小企业独特的技术创新活动使中小企业可能获得"技术地方化"的优势,通过利用技术和自身特点满足当地的特殊需求,从而形成比较竞争优势。技术地方化理论是拉奥首先提出的,他认为,若一国拥有可以满足当地特定需求的技术或某种优势,该国就可以进行直接投资。英国经济学家约翰·邓宁提出类似的观点,如果企业拥有或能够得到别国企业没有或难以得到的生产要素禀赋,及产品的生产工艺、发明创造能力和专利、商标、管理技能等,就可以为对外直接投资获得所有权优势。世界市场是多元化的、多层次的,与此相对应,所有权优势也具有一定的层次性。大企业尤其是一些跨国公司的技术创新表现为大量研究与开发投入,处于尖端的高科技领域,引导技术发展的潮流,提升技术的内涵。因此,大企业的所有权优势处于价值链的高端,但这些优势只能在一些对此有需求的国家和地区才能发挥出来。例如,许多发展中国家由于投资环境尚不完善,生产规模小,市场范围狭小,客观上限制了跨国大公司的进入。中小企业的技术创新由于受到规模和资本限制,往往局限于对先进技术的改进、消化和吸收,甚至有些人认为中小企业所使用的是"降级技术",但这种技术创新并不是简单地模仿和复制。中小企业利用特有的"学习经验"和组织能力,掌握和开发现有的生产技术,拓展技术应用的广度和深度,从而为企业带来一定的竞争优势。事实也证明了这一点,许多中小企业的研发能力不强,研发投入规模不大,仍然能够在大企业技术垄断的夹缝中得以立足,其中非常重要的原因就在于中小企业独特的技术创新能力。中小企业的技术创新优势尽管处于价值链的中低端,但仍然可以在某些对此有需求的国家和地区得以发挥。从总体上看,我国中小企业在国际市场的某些细分市场上具有相对优势,如机电、纺织、食品加工及传统的中药、园林、烹调技术等。因此,这些成熟技术对于发展中国家乃至发达国家都具有相对优势。

2. 企业经营机制灵活

中小企业组织经验上的某些优势也为中小企业对外直接投资提供了可能性。组织经验是在企业内部通过对经验知识的学习和积累而获得的员工技巧和技能的提高。罗森(1972)将组织经验分为三种类型：一是一般管理经验，主要指的是组织内部的计划、组织、指挥、协调、控制以及财务管理等一般管理职能；二是行业专属管理经验，指的是与某特定行业的生产与营销特点相关的特殊管理能力；三是非管理性经验，指通过对经验的学习随着时间的推移而逐步提高的生产工人的技术水平。就一般管理经验而言，"小、快、活"一直被视为中小企业经营管理上的优势。与大企业相比，中小企业的组织结构简单、层次少、信息传递快、对外环境变化反应迅速，能根据市场需求变化迅速组织生产，准备期短、适应性快、灵活性强。当然也不可否认，中小企业存在某些组织管理上的经验欠缺，如财务管理能力。就行业专属管理经验而言，许多中小企业的经营业务比较单一，它们往往是在同一个行业成长起来的，并在成长的过程中，掌握了与该行业相关的丰富管理经验。因此，如果中小企业对外直接投资所涉及的行业是原来经营的行业，那么所积累的知识和技能就可以通过投资加以延伸和扩展。非管理性经验即"学习曲线"，是在中小企业成长的过程中不断积累起来的。目前，已有相当一部分中小企业通过与外商合资等方式卓有成效地吸取了先进的管理经验、营销知识和信息技术，逐步由生产型管理向经营型管理转变，从而实现了"质的飞跃"。

3. 产权清晰

中小企业明晰产权的优势也为对外直接投资的成功提供了产权制度保障。制度经济学已经充分证明了明晰产权对提高经营管理效率的重要性。科斯提出的定理认为，只要交易成本不为零，那么产权的初始设定就是重要的。威廉姆森等经济学家也从不同的角度论述了产权安排的重要性。大部分学者认为，我国的国有企业之所以效率低下，就在于产权制度缺陷，真正拥有决策权的不是产权主体，而是作为受托人的内部人，由于"所有者"缺位，国有企业面临着严重的"预算软约束""内部人控制"等问题。在这种情形下,决策者的责权利是极度不对称的。而中小企业中相当一部分是民营企业,明晰的产权基本上克服了国有企业存在的"痼疾",决策者的责权利是基本对称的。因此,中小企业的决策者在对外直接投资时,具有较强的产权约束,能够审慎投资,从而提高了投资项目成功的可能性。

4. 种族纽带优势和中小企业集群

依靠种族纽带,在侨民集中地开展对外投资,是发展中国家一种特有的竞争优势。中国分布在各地的华人有几千万,共同的文化背景使他们互相之间容易沟通合作。在这些地区投资,可以迅速获得各种信息,容易进入当地市场。这种优势,一方面体现在华人的合资、合作经营上;另一方面,表现为中国跨国企业为当地华人提供产品与服务。例如,许多国家都有华人聚居的"唐人街",在这些区域形成了特有的中小企业集群。中小企业的"集群"现象也突出表现在国内一些区域,如长三角一带。企业集群以其创新优势、"结构竞争力"优势、差异化优势、区域品牌优势和网络效应等优势,在中小企业的国际化进程中显示出极大的优越性。

(二)对外直接投资的劣势

尽管中小企业对外直接投资具有一定的优势,但劣势和所面临的风险也非常明显。

1. 中小企业抗风险能力普遍比较低

中小企业对外直接投资不仅仅是国内经营业务的简单延伸,而且将投资完全置于国际大环境中。中小企业在享受东道国一定程度的国民待遇的同时,也要受更严格的政策和法律约束,因此企业所面临的风险将有别于国内的风险,不仅要面临自然风险,还要面临价格风险、销售风险、财务风险、外汇风险、人事风险、技术风险等经营风险,更要面对政治风险、战争风险、国有化风险、社会治安风险、资金流动限制等风险,以及制度差异风险、文化差异风险等不确定性更大的风险。与大企业相比,中小企业往往受到自身人力、财力、物力等条件的约束,这些约束条件削弱了企业抗风险的能力。在约束条件下,中小企业对东道国的金融政策、外汇管制、税法、劳工法律等了解不全面,对有关经济政策的变化反应不敏感,难以制定相应的防范对策,以减少和转移风险带来的损失;对于企业外部因素造成的风险,中小企业的抗风险能力就更弱了。跨国公司在对外直接投资时,也会遭遇东道国企业的抵制,面临的竞争环境比较严酷,这种情形下,国内的母公司就可以凭借强大的资金实力鼎力相助,从而减少和避免风险损失。而中小企业由于势单力薄,往往无法有效分散风险,甚至可能发生海外子公司拖垮母公司的情形。

2. 中小企业整体的国际竞争力普遍比较低下

根据瑞士洛桑国际管理发展学院在2001年发布的《世界国际竞争力年鉴》,中国在参评的46个国家中,管理竞争力排在第40位,总体竞争力排在第38位,内在竞争力排在第33位,环境竞争力排在第40位。这说明,中国企业的国际竞争力远远落后于世界。如果专门评价我国中小企业的国际竞争力,问题恐怕更严重。我国中小企业规模普遍偏小,技术的原创性比较少,缺乏拥有自主知识产权的核心技术和核心产品,缺乏名牌产品。有相当一部分学者认为,我国中小企业是在模仿和复制中长大的,中小企业还一度被称为假冒伪劣产品的罪魁祸首。中小企业掌握和开发现有技术的确可以带来一定的竞争优势,但这种优势并不是长期的。

此外,中小企业集群的优势在对外直接投资中没有很好发挥也是一个重要原因。学者冯德连、徐洁香分析了我国中小企业集群所存在的一些问题:群体企业同质产品过度竞争,区域间低水平重复构建;群内企业经营者素质不高,质量、品牌、商标意识淡薄;官、产、学、研合作机制不完善;"锁定"效应及单一产品结构使集群面临一定的市场风险。所有这些原因都削弱了中小企业的小规模优势,减弱了中小企业在对外直接投资中所依赖的国际竞争力。

3.跨国经营人才短缺

对外直接投资需要一定的跨国经营人才,凭借他们的专业知识和技能,为企业进行投资项目的前期论证、建设期间的项目管理、经营期间的企业管理等跨国经营活动。跨国经营是一项复杂的工作,需要具备丰富的知识、通晓国际惯例的复合型经营管理人才,而我国中小企业严重缺乏这方面的人才,且企业管理层整体素质不高。据抽样调查,我国企业普遍存在着素质较差的问题,比较突出的是文化程度偏低。特别是具有本科学历的较少,仅占14.6%,其中有研究生学历的仅占0.4%,大专、中专学历占71.4%,这些数字中还包含了相当比例是由成人教育、干部培训取得的学历。尽管学历并不能说明全部问题,但至少可以从一个侧面反映出我国企业管理者的素质问题。

三、可持续发展战略下对外投资的政策支持和策略

根据对外直接投资的优势和劣势分析,推动中小企业对外直接投资并获得有效回报需要企业和政府共同努力。我们拟从政府和中小企业自身两个方面对此做出分析。

(一)对外直接投资的政策支持

迈克尔·波特于1990年提出的钻石模型,为分析政府在推动中小企业对外直接投资中的作用提供了一定的理论基础。波特认为,国家竞争优势来源于四个基本因素和两个辅助因素的整合作用。基本因素包括生产要素状况、需求状况、相关和支持产业、公司战略、结构和竞争,辅助因素包括机遇和政府两个因素。政府的作用在于影响四个基本因素,即可以对这四者之中的每一个因素施加积极或消极的影响,从而对产生竞争优势的过程施加积极的或消极的影响。笔者认为,政府可以在以下几个方面发挥作用。

(1)创造有利于对外直接投资的体制环境,完善相关的法律法规、产权保护、金融、财政、劳动力供给、可持续发展等公共政策。

(2)培育各种规范的中介服务机构,切实为中小企业的对外直接投

资提供信息传递、技术咨询、创业指导、融资服务、人才培训等服务。许多中小企业的投资失败就在于对东道国的法律法规政策不了解。政府通过政策支持建立一批中介机构,帮助中小企业搜集海外市场的相关信息,可以在很大程度上降低对外直接投资失败的风险。

（3）积极培养跨国经营人才。跨国经营人才是对外直接投资和跨国经营的必要条件,而中小企业严重缺乏这类人才,这严重阻碍了对外直接投资,增大了投资的风险。随着中小企业对外直接投资步伐的加快,跨国经营的人才越来越重要,而且要求也越来越高。他们不仅要精通企业管理、经济、技术等方面的专业知识和技能,而且还要懂外语、国际惯例,熟悉本国的对外经济政策、法规,精通东道国的法律、地方文化风俗。地方政府可以充分利用本地高校、学科的优势,积极培养这种多学科交叉的复合型外经人才,这不仅可以促进中小企业顺利进行对外直接投资,还能提高中小企业的跨国经营能力,有利于企业的国际竞争力和国际化程度提高。

（二）对外直接投资的策略选择

当然,对外直接投资可否取得成功,中小企业自身的策略选择也是非常关键的因素。具体地说,主要有以下几个方面。

1. 应充分认识自身的优势和劣势,选择合理的投资区位

我们可以把海外投资市场大体分为东南亚地区、拉美地区、俄罗斯和东欧地区、非洲地区以及欧美地区等几个区位。一般而言,中小企业直接在欧美地区进行投资的难度比较大,可以首先选择发展中国家寻求廉价生产成本,再进入欧、美、日等地区和发达国家市场的通道。我国与东南亚地区有地缘上的优势,在许多国家都有华人聚居地,这为海外直接投资提供了良好条件。此外,我国当前的经济水平、产业层次与该地区比较相近,转移国内成熟的技术和产业比较便利,而在文化、语言等方面则更具备其他区位无法比拟的优势。在对外直接投资中,由于文化冲突而造成的投资失败案例也很多,因此在该地区投资可以减少因文化冲突而带来的风险。拉美地区在文化、地缘等方面与欧美比较接近,在这个区位投资可以比较顺利地进入欧美市场。我国中小企业的许

多成熟技术和产品在俄罗斯和东欧地区有一定的优势和市场。但该地区的政治不太稳定，社会治安也存在一定的隐患。因此，中小企业在投资前应做好一定的准备。尽管进入欧美市场的难度很大，但近些年来，仍有一些中小企业在该地区成功投资。我国中小企业在某些领域所掌握的成熟技术、物美价廉的产品，仍然可以在这些地区占有一定的比较优势。

2. 科学的投资决策

中小企业在海外投资时所面临的风险与国内的风险有很大差别，除了经营风险之外，还要面临汇率风险、政治风险、政府管制风险等。因此，中小企业在对外直接投资时，必须进行充分的海外市场调研，遵循科学的投资决策程序，审慎投资。在做出跨国经营决策之前，中小企业有必要对东道国的政治、社会、经济、文化、法律等宏观投资环境进行分析，了解相关的金融政策、外汇管制、公司法、劳工法、破产法等方面的政策法规，做到有备无患。根据各国政治、经济、人文环境的不同以及行业竞争情况的不同，制定不同的投资方式。此外，还需要对不同的国家和地区进行比较，力求把安全度高、获利大的国家和地区的项目确定为直接投资对象。

3. 充分利用东道国的区位优势

所谓区位优势，是指不同国家和地区所具备的比企业所在国更有利的经营条件或比较优势。中小企业为了规避汇率管制、进出口壁垒等限制条件，可以减少技术、资源等的进口数量，充分利用区位优势，寻求当地的原料和零部件等投入来替代进口。中小企业还可以充分利用东道国的人力资源，以减少语言、文化等给市场开发造成的障碍。有些公司已经注意到，从费用上讲，雇用当地人比从国内派工作人员要经济得多。无论从管理角度还是从节约费用角度看，雇用当地人员是中小企业对外投资的合理选择。因此，中小企业在投资前还需要了解相关的区位信息。然而，由于资本等限制条件，中小企业获取外部市场信息的能力较差，很难获得关于区位优势的准确信息。中小企业可以通过政府或中介机构的信息支持及彼此之间的联合，或通过国际互联网等途径获取信

第五章 可持续发展战略下中小企业的投资管理研究

息,了解国外投资区域的区位优势。

4. 建立战略联盟,加入国际分工与合作的全球性网络,充分发挥中小企业集群的优势

由于中小企业自身实力有限,对于直接投资在多数情况下仍然非常困难。于是,加入国际产业分工和网络协作的跨国经营便成为当今中小企业对外投资的一个重要战略选择。我国很多中小企业在技术密集型、劳动密集型或生产管理方面具有很强的实力,它们凭借其某方面的核心竞争力,可以以最小的代价加入国际产业分工和协作网络。借助产业分工和合作网络,中小企业可以利用大企业的各种优势,克服中小企业在信贷能力、知名度、谈判地位等方面的困难,降低市场不确定性的风险。建立跨国的战略联盟也是全球经济一体化最重要的发展趋势,这种战略联盟可以是具有战略目标的长期关系,也可以是为了取得既得利益而形成的短期关系,既可以是小企业与规模较大企业之间的垂直合作,也可以是规模相差无几的中小企业间的水平联合。

此外,中小企业也不能忽略企业集群的优势。中小企业集群所带来的创新等优势,极大地促进了我国产业国际竞争力的提升。中小企业通过分工协作关系等方式形成中小企业群,再以集群向外投资,可以增强对外直接投资中抗风险的能力。意大利发展中小企业的模式,如网状家具企业群发展模式、"无形大工厂"的模式、众星捧月的百能顿模式等,可以给我国中小企业对外直接投资提供借鉴意义。当前,我国已走出去的中小企业许多是孤军作战,势单力薄,无法发挥有效的优势。为了提高对外直接投资的成功概率,中小企业的对外投资需要克服传统的条块分割、互相争夺利益、单打独斗的思想,转变传统的竞争理念,树立合作竞争的新理念,因此建立战略联盟、加入分工与合作网络、形成企业集群是一个有效的路径选择。

5. 数字化建设助力中小企业科学进行投资决策

信息化、数字化建设是中小企业转型重要的发展方向,对于企业管理者而言,可以更加便捷地获取有价值的信息,提出对于中小企业发展有益的投资决策,提高投资项目的可行性与经济效益,帮助中小企业实现可持续发展。中小企业在数字化建设的过程中,需要注意以下问题。

第一,企业面临的投资环境具有复杂性,企业需要克服复杂投资环境的影响,依托自建或现有的云会计平台实时采集信息,保证数据信息的应用价值,帮助中小企业解决实际问题。

第二,信息调查,中小企业在制定投资决策前,需要精准分析企业所处的内外部环境,利用调查信息客观分析投资项目对企业收益(尤其是长期价值)的影响,避免主观因素对投资决策的干扰。

第三,企业内部控制是中小企业经营管理的重要因素,企业在进行投资决策时,可以利用数智技术完善内控制度,提高企业内控机制成效,帮助企业规避投资决策风险、重复投资、无效投资等问题。

第六章　可持续发展战略下中小企业的营运资金管理研究

建立和完善营运资金管理是我国中小企业不断发展的内在要求,也是建构企业管理制度、适应国内外激烈竞争的市场环境的现实需要。随着经济不断发展,中小企业已经成为我国经济发展大军中一支重要的队伍。但是当前,中小企业在营运资金管理层面存在着诸多问题,使企业很难适应市场经济的发展。因此,中小企业应该不断弥补自身的营运资金管理缺陷,找到适合自身发展的新道路。

第一节　可持续发展与中小企业营运资金管理目标

营运资金是市场经济发展到一定阶段的必然要求,也是实现资源优化配置的有效形式。营运资金能够有效提升企业的资源配置质量,很好地解放生产力,促使企业的资本增值最大化,从而达到企业价值最大化。从目前来看,企业在营运资金过程中,仍然存在很多的误区,极大地影响了营运资金质量,也对进一步的企业经营战略实施造成了很大影响。中小企业在我国社会主义市场经济建设中,发挥着极其重要的作用,但由于其自身规模与管理能力的局限性,与现代营运资金管理理论不能匹配,管理效率低下,尤其是忽视营运资金管理,一直制约着中小企业的发展。本书详细讲解了营运资金管理理论和管理内容,为解决中小企业营运资金管理过程中的难题,提高中小企业营运资金管理水平和资金管理能力提供参考。

一、营运资金的内涵及特点

营运资金是企业经营过程中的流动资产与流动负债的差额,利用流动负债弥补流动资产可以实现资本增值。因此,无论是企业还是其他单位,都需要熟练掌握营运资金的内涵和特点,帮助企业的决策者做出正确的财务决策。

（一）营运资金的内涵

营运资金的内涵是通过对资本的运作,实现资本的增值,其存在于社会经济生活的各个领域之中。对企业来说,资本可以在生产过程、流通过程等多个环节进行运作,实现资本盈利的最大化。但是营运资金有一个前提,就是要保障资本的安全,所以企业的决策者在进行决策之前,有必要对营运资金的运营环境、运营方式等内容做一个深入而细致的了解。

（二）营运资金的特点

1. 开放性

资本在进行运营的过程中,不仅需要企业的管理者或者经营者面对国内的市场,也要求他们去面对国外的市场,并且运营过程中也要不断地去打破地域限制、行业限制等。

2. 市场性

营运资金是企业在市场中对企业资本进行运作的一种行为。流动资产在企业全部资金中占比较重要的位置,通常具有流动性强,短期内就能变现或者出售收回的资产。根据这一特点,从理论上讲,通常用商业信用、短期借款等来解决。

3. 流动性

随着企业经营活动有效地实施，流动资产的实物形态是不断变化的。流动资产流动性是按照现金资产→材料资产→在产品资产→产成品资产→应收账款→货币资产的顺序进行转化。为此，在对流动资产进行管理时，企业应该合理配置资金数额，保证各项流动资产结构合理，落实资产准确运转，以促进流动资金周转顺利进行。

企业资本的运营体现的就是企业中的资本在流通中所实现的价值增值，因此营运资金有着流动性的特点。在这种特点的要求下，企业在营运资金的过程中，就必须高效地利用和盘活企业的存量资产，保证企业的营运资金可以进行充分流动，促使流动资产和流动负债的比例结构合理，提升企业营运资金的利用效率，达到企业营运资金最大增值的目的。

4. 收益的不确定性

企业在进行有关资本的运作时，由于资本的增值性与风险性是同时存在的，所以企业营运资金的收益就有着不确定性。当企业的经营者做出营运资金决策的时候，必须要考虑资本在运作过程中存在的风险，如何最大限度地避免企业资金运营过程中的风险问题，是每一个企业的经营者在进行资本运作过程中所必须考虑的问题。[1]

企业筹集营运资金的方式较为灵活多样，通常有短期借款、短期资金筹集、商业信用、应交税费、应付工资、预收货款、票据贴现等多种方式。[2] 营运资金就是对价值形态的各种生产要素的管理，因此企业进行资本运作的目的就是利用这部分生产要素的价值来促进价值的增值，这是企业营运资金的本质要求，同时这也是资金流动性的内在特征。

企业的经营者利用流动资金将企业资本进行合理运作，把企业的资本投入企业的再生产过程中，就是为了实现资本的增值，获得收益。

---

[1] 于广敏.企业财务管理与营运资金研究[M].长春：东北师范大学出版社，2016：97.
[2] 焦永梅，张慧芳.财务管理[M].郑州：黄河水利出版社，2017：154.

二、可持续发展战略下中小企业营运资金的管理原则

营运资金具有形态多变、周转周期短等显著特点,是中小企业全部资金中最重要的组成部分,也是一项重要的企业财务管理工作内容。企业需要制定与遵守营运资金的管理原则来保证营运资金的科学、合理、高效。

(一)提高资金使用效率

提高资金使用效率的一个最有效办法就是加速资金的周转,从投入现金到进行生产经过各种中间环节,最终通过销售实现资金回笼与增值。企业要扩大规模,实现快速发展,首先加快资金周转速度,避免大量存货积压货款,加强应收账款的催缴工作,盘活资金,提高资金使用效率。

(二)节约资金使用成本

实现企业快速发展的路径无外乎开源与节流,一方面应该想方设法提高资金使用效率;另一方面,应该节约成本,减少开支,尽可能避免贷款和负债。开源与节流关系紧密,不能割裂开来,不能为了节流而阻碍生产与发展,必须正确处理保证生产经营需要和节约成本二者之间的关系。要提倡与遵守勤俭节约的理念与原则,尽力节约开支,但不能影响正常的生产经营。

(三)保证足够的短期偿债能力

企业为了扩大规模,实现长远的发展,会产生巨大的资金需要与缺口,因此就免不了通过融资与贷款等方式来解决资金问题。但是,借款对于企业发展来说是一把双刃剑,给企业带来更大的规模效益与机会的同时,也带来了负债的压力与亏损的风险。企业在借款前需要综合考量实际资金需求、预期收益、偿债能力等问题,量力而行,避免盲目贷款而

第六章　可持续发展战略下中小企业的营运资金管理研究

无力偿还而将自身陷于被动境地。

三、可持续发展战略下中小企业营运资金的问题及对策

中小企业盈利能力的大幅度下降，集中体现在企业经营者对企业资金管理能力上的不足，尤其是营运资金的管理能力。目前中小企业在营运资金管理方面存在以下几个突出问题。

（一）中小企业经营管理者管理理念落后

1. 中小企业为追求短期效益，降低管理成本是常用的手段

中小企业为追求短期效益，降低管理成本是常用的手段，主要是严格控制企业管理规模和人员数量。

控制管理规模必然导致管理质量下降，企业管理者认为增加营运资金管理需求，就会增加大量的管理成本，如聘用相应的高级管理人员、设立资金管理部门等，造成人工薪酬、办公消耗等费用增多。由于惧怕费用增加后利润下降而不重视营运资金管理。

中小企业的管理过于简单，由于管理人员相比大型企业来说少得多，一人多岗、身兼数职的现象普遍存在。比如，会计人员兼仓库保管员，生产人员兼质检人员，人为地缩减业务流程；原材料、部件等不验收入库就直接领用进入产品、项目成本。除此之外，中小企业的管理机构设置简单，如将财务审计合并到一个部门，会计人员兼有审计职责，导致内部控制效果很差。

2. 中小企业经营管理者对于营运资金管理认识上的偏见和误差

首先，管理者对营运资金管理对象缺乏全面的认识，认为营运资金管理对象仅限于现金、银行存款等，具体表现在账上有钱就用，没钱就借贷。

其次，管理者对营运资金管理缺少必要的方法，企业管理中缺少计划、没有时间价值理念。资金的收付计划与时间价值具有联动效应，企

业的生产计划、项目施工计划与资金收付计划有关联,不能理解提前收款与延迟付款是营运资金管理采用的有效方法之一。

最后,管理者不能明确企业营运资金管理需求,缺乏企业财务管理专业方面的基础知识,还包括企业的纳税义务、个人利益驱动等因素,加上看不懂会计报表、明细账等,因此与财会人员在营运资金管理方面存在沟通障碍。

3.现有的商业化财务信息系统不能满足中小企业对营运资金的实时管理

我国的商业化财务信息系统很多,当前,中小企业现有的财务信息系统能够满足日常会计核算的需要,也能提供辅助核算功能,如客商人员、部门、项目的核算,但从营运资金管理的要求看仍存在以下问题。

首先,现有的财务信息系统大都独立于其他企业信息管理系统,我国在实行企业信息化初期存在技术不够全面、设备运行速度不快等问题。具体到中小企业来说,一方面,较完整、全面的企业信息管理系统对于中小企业来说投资代价高;另一方面,企业管理者、财会人员为避免税务检查、财务信息保密等,财务与其他系统是各取所需分开投入,人为地割断了业务、财务之间的信息系统,造成企业各信息系统之间数据不互通,处于信息流末端的财务信息系统就变成了孤岛,影响了营运资金管理绩效考核的时效性。

其次,现有的财务信息系统独立于其他信息系统,容易造成各系统的数据不一致,相同的信息、不同的人录入的内容不同,这种现象的存在影响了营运资金管理的有效性。

最后,现有的财务信息系统大都没有营运资金管理的专业功能或模块,不能给营运资金的日常管理工作带来便利,数据采集汇总与计算工作由人工完成,不仅增加了工作量,也易出错,影响了营运资金管理绩效考核的准确性。

4.财会人员的能力不能满足企业对营运资金管理的要求

当前,中小企业大都因为纳税义务而需要财会人员,而对于财务管

第六章　可持续发展战略下中小企业的营运资金管理研究

理是否影响企业价值,财会人员在财务管理中的核心作用都不理解,所以对其发展重视程度不够。中小企业的财会人员对于自身能力等各方面的要求也不高,财会人员在营运资金管理方面还存在以下问题。

首先,财会人员没有管理营运资金的意识。只专注于银行记账、往来对账等基础工作,营运资金是经营管理者的事,并未考虑可以通过管理去避免营运资金短缺、财务成本降低等问题。财会人员向管理者汇报包括营运资金在内的财务事项时,用词专业、内容简单,经营管理者看不明白、听不懂,极有可能错失管理决策的良机。

其次,财会人员没有营运资金管理的经验和能力。主要是缺少营运资金管理的基本理论,日常工作不注重营运资金管理,更不了解如何把营运资金管理理论应用到实际工作中,如基于渠道管理的营运资金管理绩效考核模型的建立、取数、计算、考核结果的校正。

(二)有效解决中小企业营运资金管理问题的策略

1. 完善预算管理体系,加强绩效考核环节

中小企业应当实行全面预算制度,把资金预算重视起来,将经营预算与资金预算紧密结合起来,各部门也应参与到预算编制的工作中来,而不仅仅是财务部门独自完成。企业应该建立基于预算的营运资金评价体系,针对不同部门明确其责任,科学设立资金管理的相关指标,形成责权利相统一的考核机制,增强员工资金管理的动力。只有把资金管理的指标纳入绩效考核,资金管理体系才能更好地发挥积极作用。

2. 完善资金管理制度,强化资金管理意识

中小企业应将营运资金管理理念纳入企业文化和管理思想当中去,在员工中树立良好的资金管理意识,加强资金管理制度宣传,为提高营运资金管理水平创造良好的氛围。

科学规划现金流量的规模、速度与周期,确保资金安全,实现平稳运营;做好短期资金预测,准确把握企业运营中可能出现的资金敞口,防患于未然;合理地调整资金比例,进一步推动资金结构的优化。

中小企业可以在资金预算的基础上，做好资金的短期预测，既有利于预算的扎实落地，又能体现财务管理的精细化要求。短期预测一般按照影响资金需要量的主要因素，分为收款、付款和结余三大部分，更细化的项目可以根据企业的实际情况来自行设置，通过资金预测可以及时发现资金的敞口，提前筹划应对措施，从而保证企业生产经营活动对资金的正常需要。

3. 拓宽融资渠道，合理使用供应链金融产品

中小企业可以运用供应链金融解决资金周转率问题。供应链金融是相关机构从供应链的角度出发，将上下游企业视作整体考虑，为中小企业提供合适的金融产品和服务的一种融资模式。许多中小企业为了促进产品销售和增加市场份额，通常采用赊销的方式，在这个过程中积累了很多应收账款和应收票据。中小企业可以通过质押持有的应收账款和应收票据，使企业能够快速融资，摆脱营运资金不足带来的不利影响。

中小企业应积极调整管理手段，以便符合供应链金融的实施条件。在使用供应链金融进行融资时，金融机构不仅要对企业开展全面、系统、科学的审核与评估，而且需要详细了解质押物的价值和数量，企业的融资用途和还款计划。以需求促变革，供应链金融对于中小企业的内部营运管理水平升级有着不可或缺的作用。

4. 在营运资金管理中运用价值链理论

基于价值链的营运资金管理，就是通过分析价值链上的设计、采购、生产、销售等各个环节的增值情况，价值链的优势在于能很好地整合流程资源，强化各环节之间的联系性，保持价值的增值过程和资金的流转过程高度一致，为企业实现资金管理的目标提供更好的帮助。企业还可以通过延伸价值链实现企业价值增加，从而体现在企业的财务管理绩效上。中小企业应梳理自身所处行业的价值链，从全产业链的角度思考如何加强外部价值链中往来款项和信用期限的控制，保持良好的上下游合作关系，从而提高内部价值链中各环节的资金使用效率，促进企业的可持续发展。

第六章　可持续发展战略下中小企业的营运资金管理研究

在采购端,中小企业应当建立适合企业发展阶段的供应商评估制度,对重要的原材料供应商要进行全方位考查和评价,保证产品的供应质量,和讲信誉、重质量的供应商建立长期稳定的合作关系。同时,在保证原材料采购的基础上,采取供应商议价制度,参加订购会等货比多家,选择性价比更高的供应商,降低采购成本。企业还要储备供应商团队,避免过度依赖同一家供应商,能够在减少采购风险的基础上逐步占有更多话语权,提升采购环节的价值创造,强化供应商价值链的作用。应付账款是供应商给予企业的商业信用,可视作无息的短期融资,要在信用期限内充分利用这种信用融资方式,发挥资金的时间价值。

在生产端,企业可以把整个生产的过程分成若干环节,对各个生产环节进行营运资金占用的分析,研究哪些环节存在运营效率低下的问题,从而有的放矢地进行优化。企业要制订合理的生产计划,并根据客户需求和实时库存等情况灵活调整生产计划,避免生产过剩而造成存货积压,导致营运资金的占用。

在销售端,要加强与客户的信息互通互联,最大限度减少库存成本,加强退换货的管理,完善对客户的售后服务。企业应建立客户信用档案,制定合理的信用标准和信用条件,对不同级别的客户采取不同的信用政策,使企业的客户管理有章可循,避免呆账、坏账的产生,降低预期损失。通过以上方式,减少营销环节资金占用过多的现状,保证企业资金的安全和完整。

5. 建立企业信息管理系统,推进财务管理数字化转型

随着信息技术的发展,中小企业可以将信息技术与财务管理有效地结合起来,通过先进的信息技术手段把经营中大量的信息流、物流和资金流及时准确地整合起来,改变传统资金管理模式下财务部门对经营信息掌握和控制的滞后性。建立适宜的资金管理模式,强化跨部门的信息互通来解决资金管理中的痛点。

积极引入互联网业态,建立内外部兼具的信息管理系统,让信息能快速地在不同信息系统间实现交流与共享,信息流的快速传递可以在一定程度上促进物资流和资金流的通畅,物流链条和信息链条会进一步影响到中小企业的资金链。企业应结合自身情况,促进信息技术与资金管理进行深度融合,能够显著提高整体管理效能,创新业务模式,优化业

务流程、合理配置资源、提高内部监督水平,更好地适应快速变化的经营环境。

第二节　可持续发展战略下中小企业的现金管理

现金是中小企业所有流动资产中流动性最强的资产。现金管理作为企业财务管理的重要方面,其管理效果的好坏直接关系到中小企业的生存和发展。完善现金管理流程、提高企业现金管理效率,已经成为中小企业在财务方面提高竞争优势的首要任务。

一、现金管理与中小企业可持续发展

融资缺口是中小企业发展中所存在的重大障碍,若缺乏有效的现金管理,极易造成资金周转困难,因此如何进行良好的现金管理,是中小企业的重要课题,对企业的可持续发展具有重要意义。

一般认为企业持有现金有以下四个动机:交易动机、预防动机、投机动机、补偿动机。交易动机是指企业持有现金以应付预期交易的现金支出;预防动机是指为应付预期之外的现金支出而持有的预防性现金余额;投机动机则是指企业为利用各种市场机会而持有的现金;补偿动机则源自债权人对企业流动性的要求。因此,如果中小企业持有充足的现金,就可以规避各种由于现金流动性不足所导致的问题。但现金持有过多,同样会损害中小企业的可持续发展能力,过多的现金余额可能降低企业的获利能力。现金是流动性最强但同时也是盈利性最差的资产。如果企业的现金持有量过多,必然会使一部分现金由于无法投入正常周转而闲置,从而减少生产性投资,降低盈利水平。现金管理的有效性在于维持企业充足而合理的现金数量,权衡现金不足和现金过量两方面对企业产生的利弊影响,化解和协调现金的流动性与盈利性这一对矛盾,以期在确保安全的前提下,为中小企业获取长远的最大效益。

尽管现金管理对中小企业的生存和发展来说具有相当重要的意义,但仍有相当部分中小企业的现金管理非常薄弱。这些问题归纳起来主

第六章　可持续发展战略下中小企业的营运资金管理研究

要有以下几种表现。

（1）账册设置不规范、不完整，内部制约乏力，无法进行有效的会计监督。

（2）出纳等现金管理的直接责任人的素质比较低。

（3）现金的使用效果欠佳。

（4）财务主管只注重报销、支出发票的审批，忽视现金流入的核实和监控。

（5）现金管理"抓大放小"，忽视了零星开销的有效管理。

（6）不遵循国家《现金管理暂行条例》银行支付结算制度等有关制度规定。

（7）入账的现金收付凭据不实、不准、不全。

（8）会计基础工作不规范，影响了企业现金流量表的真实性和完整性。

这些都是企业在现金管理的基础制度以及日常规范等方面所存在的问题。可以想象，如果一个企业的现金管理存在这么多的问题，那么它的资金使用效率肯定不会高，也无法真正实现持有现金的预期目标，其可持续发展的能力也必定会受到影响。因此，中小企业有必要从可持续发展的视角出发，实施积极有效的现金管理方法。

二、最佳现金余额的确定

中小企业通过一定的模型确定最佳的现金持有余额，从而指导现金管理实践。最佳现金余额的确定要求在现金持有的盈利性和流动性之间找出最佳结合点。现金持有的盈利性要求企业在各种现金持有成本之间进行权衡，以期持有现金的总成本最小；现金持有的流动性要求企业持有的现金能够满足各种需求。财务学家为确定最佳现金余额建立了多种模型，这里加以简单介绍。

（一）现金需求模型

现金需求模型是一个简单的模型，它的出发点在于企业持有的现金应当满足未来某一期间的需求。计算公式如下：

$$最佳现金余额 = \frac{预计现金年需求量}{现金周转率}$$

首先,使用该模型时,企业需要预测未来某一期间(通常为一年)的现金需求。若企业未来的生产经营活动一直持续稳定地进行,现金收入和支出比较均匀,则未来一年的现金需求可以根据产销计划较为准确地加以预测。若企业未来的经营活动具有较大的不确定性时,现金需求的确定可能比较复杂。该模型的有效性和适用性将遇到挑战。

其次,企业还需要根据现金循环的情况确定现金周转率。一个企业的经营周期和现金周期通常是不一致的,如图6-1所示。

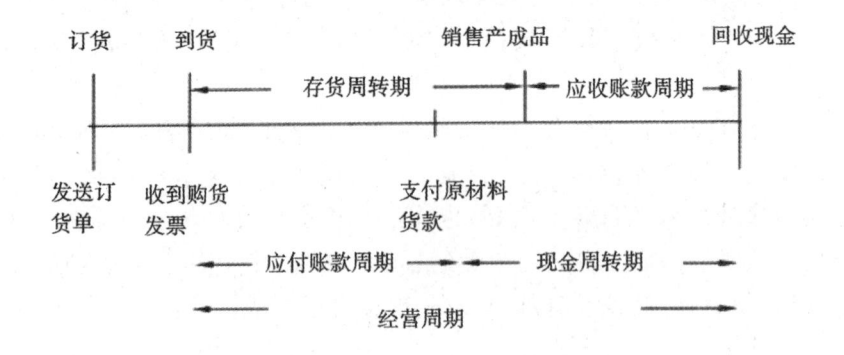

图 6-1 企业的经营周期和现金周期

根据图6-1,我们可以得到以下几个关系式:

现金周转期 = 经营周期 − 应付账款周期

经营周转期 = 存货周期 + 应收账款周期

当企业未来的现金流动状况与历史年度基本一致时,通常可以用历史数据来计算存货周期、应收账款周期、应付账款周期等。

(二)Baumol 模型

Baumol 模型是对现金需求模型的深化。该模型有以下几个假设条件。
(1)企业在计划期内的现金支出率保持不变。
(2)现金的支出是离散的、确定的。
(3)企业在计划期内不发生任何现金流入。

（4）企业除了计划期初的现金余额之外，没有再为别的需求持有现金。

在这一系列假设条件下，W. S. Baumol 推导出最佳现金持有量。根据假设条件，企业在计划期内的现金流动如图 6-2 所示：

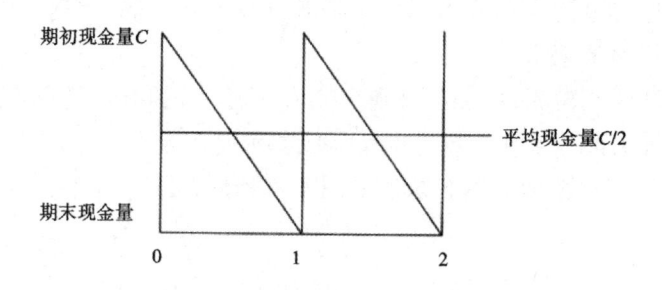

图 6-2　企业在计划期内的现金变动

该模型假设企业期初有现金余额 C，到时间 1 时现金量为 0，这时需要补充新的现金流量。企业可以选择的补充方式可以是借贷、出售持有的有价证券等，但不论采用哪种方式都需要交易成本，该模型假定每次补充现金时发生的交易成本是固定的，用 F 表示。显然，企业期初的现金量越多，需要补充现金的次数就越少，相关的交易成本也越少。当然需要补充现金的次数还与企业在未来某一期间的现金需要量有关，需要量用 T 表示。则企业需要补充现金的次数是 $\frac{T}{C}$。

现金持有量还涉及机会成本，即现金用于别的投资机会可以给企业带来的收益，假设收益率为 K。

根据上述一系列假设，企业未来期间现金持有的总成本 TC 为：

$$TC = \frac{T}{C} \cdot F + \frac{C}{2} \cdot K$$

当总成本最小时，企业的现金持有量最佳。对上式求关于 C 的一阶导数，得：

$$\frac{dTC}{dC} = \frac{K}{2} - \frac{TF}{C^2}$$

令 $\frac{dTC}{dC} = 0$，则最佳现金持有量 $C = \sqrt{\frac{2TF}{K}}$，此时企业在未来计划期内现金持有的总成本最小。

(三) Miller-Orr 模型

Miller-Orr 模型有以下几个假设条件。

(1) 日现金流入和流出的变化是随机和不确定的,计划期内交易次数也是一个随机变量。

(2) 日现金净流量余额(日现金流入减流出)的变化呈现正态分布。

(3) 每次证券转换为现金的交易成本都是固定的。

该模型假设企业的现金余额如图 6-3 所示。

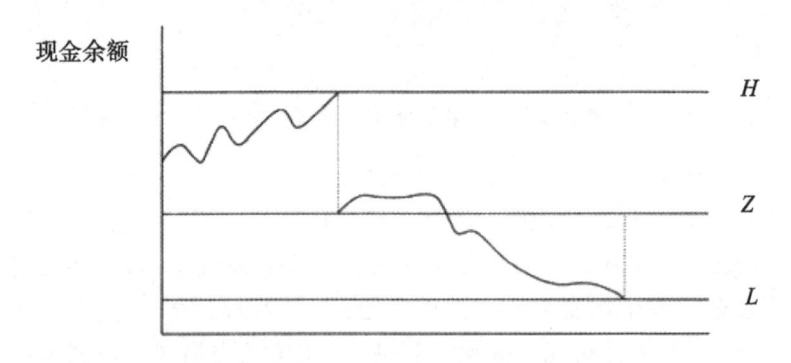

图 6-3 企业日现金净余额的随机变化

图 6-3 反映了企业日现金净余额的随机变化情况,同时也反映了 Miller-Orr 模型的基本原理。其中 H 为现金余额控制的上限,L 为现金余额控制的下限,Z 为目标现金余额。企业的现金余额在上下限之间随机波动。当现金余额为 H 时,则购进 $H—Z$ 的有价证券,使之回落到 Z;当现金余额未降至 L 时,出售 $Z—L$ 有价证券,使之回复到 Z。

假设企业给定现金控制下限 L,K,F,δ^2,根据该模型,当 $Z—H$ 满足以下条件时:

$$Z = \sqrt[3]{\frac{3F\delta^2}{4K}} + L$$

$$H = 3Z - 2L$$

这时企业持有现金的总成本最小。式中:F 为每次买进或卖出有价证券的固定成本;K 为有价证券的利率;δ^2 为日现金流量的方差;L 为现金控制下限。

第六章　可持续发展战略下中小企业的营运资金管理研究

根据该模型得出的平均现金余额为：$\dfrac{4Z-L}{3}$。

企业选择控制下限 L 时应当根据现金短缺成本发生的概率和后果进行判断。L 的设置反映了企业对现金短缺风险的承受程度。

三、可持续发展战略下中小企业现金管理的意义

（一）有助于削弱企业的经营危机

现金流是现金管理的最有效方式，它与企业的其他预算密切相关。企业只有协调现金流的收支，才能更顺利地组织经营活动。只有获得了现金流的动态管理和动态发展，企业的真实财务状况才能够得到体现。想要提高企业资金使用率，防止资金流失，降低经营风险，管理者应对人员进行科学统一的管理和培训。根据企业不同的发展阶段，采用差异化的管理办法以保证资金充足，为企业发展提供源源不断的动力。

（二）为企业的重大决策提供依据

会计利润所参考制度为权责发生制，现金流量为现金收付制。与之相比，现金流量既能公平正确地反映企业的资本运营状况，又能全面反映企业的财务状况、盈利水平和未来发展能力。通过对现金流量的维持与剖析，在现金流量中能清楚地反映企业负债和支付能力，进而有利于企业开拓者做出最佳选择。

随着社会的快速发展，中小企业越来越重视现金管理。企业在进行合理有效的现金管理时，一方面，需要注意现金的流动性，提前规划投资渠道，创造更多的财务利润，不要让现金闲置；另一方面，企业应始终关注市场动态，结合自身特点，在最短时间内制定一套合理的管理制度，最大限度地发挥企业资金的价值，为企业的可持续发展提供最有力的保障。

四、可持续发展战略下中小企业现金管理方法

（一）建立和健全企业现金收支的内部控制制度

明确现金收支的职责分工及内部牵制制度，有效的现金收付控制制度应当实行钱账分管制度，即管钱的不管账、管账的不管钱的原则；明确现金支出的批准权限；对于企业的收支行为，要根据业务的内容、性质、金额大小等进一步做好各类原始凭证的管理，发挥好对账功能。在现金的管理过程中严格执行日清月结制度，并对现金进行定期或不定期盘点，对于产生的账实不符，要查明原因、明确责任。尤其是对管理中存在的漏洞，要及时出台相关制度，在现金的管理过程中要严格执行《现金管理暂行条例》《银行结算办法》《票据法》等有关规定和结算纪律，处理现金收支，保证现金收支的安全。

（二）编制科学合理的现金预算

在现金管理中，预算管理发挥着越来越重要的作用，也得到了更多企业的重视。现金预算是企业估计整个预算期内的现金收入和现金支出，并由此预计未来结果的过程。通过现金预算，中小企业可以掌握以下几个方面的内容：业务活动状况、应付债务、税额、利息的支付日期及余额，以便预先准备所需的资金；需要向外筹措资金的时间及数额，以便预先规划较有利的筹资方式；协调企业所属各部门及分支机构的现金需要；把握采购机会，及时支付货款等。现金预算可分为三个步骤进行：确定现金收入计划、现金支出编制、现金预算表。科学合理的现金预算可以提高企业现金的使用效率，可以科学地进行资金的调配，保证企业金融活动的顺畅进行。企业可以根据具体情况，选择固定预算、弹性预算等现金预算编制方法。编制现金预算时，应当充分考虑商品购销现状，应收账款和应付账款账龄及额度，企业本身和债权人信用状况及政策，计划期现金收入、现金支出、非正常性现金收支、现金余缺，现金融资和还本付息计划等因素。

各个部门应该养成良好的预算习惯，并且形成预算思维，财务部门

第六章 可持续发展战略下中小企业的营运资金管理研究

要对其他部门进行预算管理的相关培训。在现金预算编制时要充分发挥各部门的主观能动性,力争现金收入量与现金支出量同时等量地发生,以最大限度地利用资金,确定适当的现金置存额。在预算的执行过程中,企业应该维护好预算的刚性,预算一经确定,不能随意修改,严格按照预算安排现金支出,并及早采取措施合理安排使用多余的现金和弥补现金的不足,不断提高现金使用效率。

(三)建立科学有效的收账政策,尽量采用安全快速的结算方式

在付款控制方面,企业在不影响自己信誉的前提下,尽可能争取最有利的付款方式,并有效利用银行给予的信用政策,主要方法如下。

1. 远距离付账

采用远距离付账,增加票据清算延迟时间。企业在选择选用票据支付款项时,应尽可能选择从离收款人地域间隔很远的分公司所在地开出票据,在款项结算上,争取更长的付款期限,从而获得收益。

2. 透支

注重企业声誉,建立良好的企业信誉,与银行建立良性互动关系,在必要的时候,在银行核准的额度内进行账户透支,获取短期收益。需要注意的是,进行透支的时候必须充分考虑透支所支付的费用以及所融资金带来的收益,前者称之为机会成本,后者称之为实际成本,而实际成本必须大于机会成本。

(四)制定适当的存货控制方法和资本预算程序

保持适当的存货量,既能保证经营业务的正常需要,也能使存货占有的营运资本降低到最低限额。存货控制效率的大小将直接影响到现金流量的大小。适当的存货管理可以在保证需要的前提下最小化资金的占用,从而提高资金的使用效率。此外,企业还需要制定科学合理的资本预算方法和程序。在进行投资前,应进行有效的资本预算,衡量其

投资报酬率,采用科学的方法评价投资项目,以免因投资失误而危及中小企业自身的生存。

(五)充分管理现金浮存

企业可以通过延长或减短存入银行支票的托收和寄给债权人支票的结算时间,即利用"浮存"来影响企业的现金收支。现金浮存管理的核心思想在于尽量减少托收(收款)浮存,增加支付(付款)浮存。当然,企业在利用浮存时应当遵循合理、合法、合规的原则,不能违背有关会计法规以及银行有关支付结算办法的规定。

第三节 可持续发展战略下中小企业的应收账款管理研究

应收账项是企业对其他单位或个人的货币、商品或劳务的追索权。它伴随着商业信用的授予而产生。这里主要以应收账款作为分析对象。企业的应收账款形成于商品赊销,这种方式至少可以给企业带来以下两个方面的收益:增加销售,扩大市场份额。向客户提供商业信用,对客户而言,就相当于提供了一笔无息贷款,因此对客户有非常大的吸引力。企业在欲进入某个新市场或开拓现有市场时通常使用赊销的方式以期扩大销售额,提高存货周转率。在企业的存货积压时,通过赊销方式可以加速存货的周转,降低存货的持有量。

可持续发展战略下,应收账款的投资筹划可以分为三个内容:一是投资规模管理和筹划,二是信用管理,三是应收账款的日常管理。

一、可持续发展战略下应收账款规模管理与筹划

企业在对各个客户(代理商和分销商)分别授予商业信用前,还应该从总体上把握应收账款的规模和周转速度。应收账款的总规模取决于以下因素:

第六章　可持续发展战略下中小企业的营运资金管理研究

（1）企业经营状况，即经营规模的大小、资金周转状况、存货水平的高低。经营规模大、生产能力充裕、资金周转率高、成本变动小、原材料存货水平高的企业，规模可大一些，反之应小一些。

（2）产品营销策略，即根据企业产销的产品所处的产品寿命阶段、产品市场占有率水平、企业及产品的竞争能力等来确定企业营销策略。

（3）信用销售期限。应根据客户信用状况的好坏、企业短期融资能力的高低、企业所采用的应收账款回收手段和能力，来合理确定所能提供给客户的信用销售期限的长短。

（4）已存在的应收票据和应收账款状况。企业应认真分析现有的应收账款账龄状况，已持有应收票据的变现能力和可回收的可能性，以及企业对可能形成的坏账承受能力的大小，来确定未来企业发展需要投资总规模的大小，尽量避免信用风险。

（5）企业供应链风险大小。企业若与供货商的合作关系良好，供应链风险就比较小，上游给予企业的信用政策比较宽松，那么企业可以适当提高总体的应收账款规模。

（6）客户(主要客户)所处行业。企业还可以根据行业评估的结果调整总体的信用投资规模。一般地，政府部门坏账的风险比较小；一些零售商大多是现货销售，可以降低它们的信用额度，甚至采用现货交易的方式。

二、可持续发展战略下信用管理流程

企业信用管理主要有两个目的：一是最大限度地扩大销售，达到销售最优化；二是最大限度地控制风险，将坏账和逾期账款控制在企业可接受的范围内。在实际操作中，要同时达到这两个目标的最优状态是不可能的，企业需要在这两个目标中寻求平衡。平衡的结果体现了企业信用的管理风格。这种风格大体可以分为保守型、温和型和开放型三种类型。

通常的信用管理流程应包括以下三个主要部分：客户信息管理和信用分析、信用条件的制定和执行、应收账款管理和逾期账款追收。

1. 客户信息管理和信用分析

客户信息管理和信用分析是指及时收集、更新客户信息，建立评估客户信用等级的指标体系,并根据所收集的信息评价其信用等级。信用调查是个动态的过程。一般来讲,客户的信用变化会出现一些征兆,如付款日期开始经常变更、现金支付突然变成了票据支付等,这些征兆都可以成为重要的信用资料。此外,客户所处的行业评估以及销售方式也是一个值得关注的方面。例如,政府部门拖欠的可能性要相对小些;对于采用现货交易的零售商,可以适当降低信用额度等。企业单从内部的信用记录上推断一个客户的信用状况是不太可靠的,还要借助外部更为专业和广泛的资源来交叉验证客户的信用问题,这样才能较为全面地了解一个客户的信用情况。

在企业对客户进行评级前,应首先建立信用标准,即衡量企业获得商业信用所应具备的基本条件。比较系统的信用标准可以参照西方商业银行对借款客户信用状况调查时所采用的"6C"系统衡量标准,即品德(Character)、能力(Capacity)、资本(Capital)、担保品(Collateral)、经营环境(Condition)、事业的连续性(Continuity)等。

2. 信用条件的制定和执行

信用条件是公司在提供商业信用时附加的条件,一般包括信用期限、折扣期限、折扣率等。

信用期限是指企业允许延期付款的期限。公司设置信用期限时需考虑以下几个因素。

(1)购买者不会付款的概率。购买者若处于高风险的行业,公司或许应该提供相当苛刻的信用条件。

(2)金额大小。如果金额较小,信用期限则可相对短一些,小金额应收账款的管理费用较高,而且小客户的相对重要性也低一些。

(3)商品是否易保存。如果存货的变现价值低,而且不能长时间保存,公司应提供比较有限的信用条件。

折扣期是指客户能够享受某一现金折扣的优惠期限。现金折扣通常可以提高应收账款的回收速度。现金折扣用销售额的百分比来表示,如"2/10, n/30"表示,在10天内付款,可以享受2%的现金折扣率。

需要指出的是,企业授予客户的信用条件并不是一成不变的。在信用管理实施的过程中,企业需要跟踪客户,并根据新信息灵活变动信用条件。

第六章 可持续发展战略下中小企业的营运资金管理研究

三、可持续发展战略下应收账款的日常管理

对于现有的应收账款,中小企业除了注意信用管理流程之外,还需要加强日常管理,使得企业在应收账款上的投资取得预期的效果。对此,中小企业应当注重对应收账款的监控。对此,应做好两个方面的工作。

(1)对现有的应收账款进行账龄分析,以及时掌握应收账款的全貌,为进一步决策提供依据。通过账龄分析,企业管理者通常可以估计坏账损失率。据此,可以找出现有信用政策的问题所在。

(2)控制应收账款的周转率。在其他条件不变的条件下,应收账款周转速度越快,现金的周转速度也越快。应收账款周转速度过慢,表明企业在应收账款上的投资效果不佳;应收账款周转速度太快,则可能意味着信用政策过于苛刻,其结果可能使得企业丧失客户,影响盈利。因此,中小企业的决策者应当将企业当前的应收账款周转率与目标值(如行业平均水平或者竞争对手的相关数据等)等进行横向比较,为加强应收账款的日常管理提供依据。

四、可持续发展战略下中小企业应收账款管理问题及对策

(一)中小企业应收账款管理存在的问题

1. 在信用条件方面管理宽松

中小型企业在应收账款管理上存在着一些问题。应收账款管理是指从销售商那里将货物提供给购买方,在债权成立之后,通过采取系统科学的方法对应收账款回收全过程所进行的一次管理,它的作用是及时收回账款,确保企业资金充足。但是,中小型企业发展规模相对来讲较小,在实际管理过程中,都会因信用方面管理更为宽松而面临很多问题。随着现代市场大环境的不断变化,中小型企业在应收账款管理中会遇到各种问题,如由于没有建立与客户相关的信用档案体系,容易出现客户诚信偏低、赖账等行为,无异于会使企业自身面临较大的风险,使

得资金链断裂,相应的账款不能够及时收回来,将会对企业进一步发展造成诸多影响。

2. 应收账款管理意识不强

中小型企业是我国经济发展的重要组成部分,在促进国民经济增长方面有着不可替代的作用,而在应收账款管理时仍旧存在问题,管理者的应收账款管理意识相对来讲比较薄弱,缺乏定期对账的习惯,会在后续运营过程中面临诸多问题。大多数中小企业都是家族内部运转,其生产规模相对来讲比较小,内部人员由于应收账款管理意识不强,并不能够为企业的稳固运转提供支持。同时,因缺少有效的沟通机制,使得各部门各自为政现象较为严重,这也加剧了问题的产生。很多中小型企业没有注重对专业管理人员的培训,使得现有的人员各方面能力不强,因缺少专业管理人员,使得整个内部管理秩序处于混乱状态,使得应收账款管理工作出现形式化问题,未能发挥出其真正价值。

3. 企业内部机构管理不协调

根据我国对企业类型的划分,大致将企业分为微型、小型、中型和大型企业,而对于中小型企业来讲,应收账款是企业发展需要注重的内容。但是在实际管理中会遇到一些问题,如因内部机构管理和协调存在问题,难以提高管理水平。通常情况下,财务部门与销售部门之间并没有进行有效的沟通,这也是由于企业没有构建完善的沟通机制,部门之间缺少有效的衔接,因而会在应收账款回收时面临诸多问题。应收账款本身就是指从销售商那里将货物提供给购买方开始,到后期款项实际收回,对应收账款回收全过程进行管理的一个过程,要想做好应收账款管理,我们需要确保内部机构管理的协调。[①] 然而实际上大多数情况下,销售部门只是负责赊销,却并不负责账款的回收,而财务部门因与销售部门缺少沟通,所以在实际工作过程中,通常是只负责账务方面的处理,而并没有及时向相关销售部门人员提供欠款资料和清单,这样会因缺乏有效沟通而造成应收账款管理中存在着一些问题。

---

① 周丽萍.中小企业应收账款管理中存在的问题及对策浅析[J].纳税,2021,15(33):189-190.

第六章　可持续发展战略下中小企业的营运资金管理研究

（二）中小企业应收账款管理现存问题的改善策略

1. 保障应收账款有效收回

为了进一步做好应收账款管理，还需要加强应收账款动态管理。管理者应及时监控应收账款的变化，不同期间往来报表存在着一定的差异，管理人员只有对前后期应收账款余额进行对比，才能够及时发现问题，及时纠正问题。对于那些突然进来的大笔应收账款，要及时追查和溯源，立足于企业经营情况，对发展战略目标进行适当调整。针对以往应收账款中存在的问题，中小型企业需要提出有效的对策去解决问题。

首先，为了促进企业更好地发展，应健全内部信用评估体系，以此来保障相应的账款能够及时地收回来。同时，管理者要发挥职能作用，在对客户进行赊账之前，应对客户的信用等级进行评估和调查，只有在充分了解客户实际情况的基础之上，才能够考虑是否对其进行赊账。在销售前期，应根据客户实际偿还能力来决定赊销数额多少，这样可以避免因客户偿还能力有限，而导致资金链断裂的问题产生。

其次，中小型企业要想确保应收账款管理朝着更科学的方向发展，还需要制定合理的信用政策，这是保障应收账款能够顺利收回的关键，当然信用标准是对客户信用等级进行判断的一个重要基础，通过提高信用标准，可以帮助客户获取企业交易信用，满足其自身需求。同时，在评估客户信用品质时，企业也要从多个角度去分析，如客户的能力、品质、抵押、资本以及相关条件，只有加强对客户信用条件方面的管理力度，才能够减少坏账的产生，为后续的生产运作提供更稳定的资金支持。

2. 提高企业应收账款管理意识

对于中小型企业来讲，由于发展规模较小，其内部资金往往是有限的，要想提高资金的使用效率，应做好应收账款管理。[①]但是以往由于管理者应收账款管理意识不强，难以提高资金使用效益。资金是企业健

---

① 黄江玲，刘晓静.中小企业应收账款管理存在的问题与对策分析[J].大众投资指南，2020（15）：124-125.

康稳固运转的重要驱动力,只有确保资金的充足性,才能够为各项生产运作提供更多的支持。其中应收账款管理作为财务管理的一个范畴,要想做好此环节的工作,需要增强内部人员对其重视,才能够从思想意识上以及行动上做出真正的改变。要想在变幻莫测的市场中占据不败之地,还需要加大宣传,提高企业内部人员应收账款管理意识,增强财务人员管理意识,加大应收账款管理力度以促进企业更好地发展。

任何行业发展目标都是实现利益最大化,我们只有增强人员应收账款管理意识,才能够将其落到实处。再者,企业在应收账款管理时要注重对人员的培训,提高他们的工作能力,针对能够收回的应收账款,应采取正确的方法去催款,这样才能够保障自身资金链的完整性。例如,企业要加大催收力度,通过将责任落实到具体人头之上,做到一人一户专人负责,这样可以避免相互推脱责任等问题的出现。同时,也要与对方单位保持密切的联系,要做到及时对账,采用适当的方法将货款追回。倘若上述方法无效,还可以通过考虑法律途径来解决问题。

财务人员也要明白,应收账款的及时收回,可以在最大程度上保障企业健康稳固发展。除此之外,企业要定期对应收账款进行对账处理,确保相关条目的清晰性,有助于避免问题产生。由于应收账款管理意识不强,存在着恶意拖欠账款的行为,这直接对企业自身发展造成影响,故而,企业应严格按照流程规定进行应收账款管理,这不仅可以解决以往管理上的问题,将应收账款管理工作落到实处,又能够让企业自身的资金"活"起来,从而朝着更好的方向可持续发展。

3. 完善企业内部管理体系

对于中小型企业来讲,由于内部机构管理不够协调,在应收账款管理时存在着问题,会对自身的管理工作带来影响,所以要想将应收账款落到实处,需要完善企业内部管理体系。

第一,构建完善的沟通机制,促进销售部门和财务部门之间的沟通。应收账款需要财务部门和销售部门的密切配合,才能够落到实处。财务和销售部门要相互沟通、相互配合,才能够防止责任断层等问题,确保应收账款管理工作能够顺利落实下去。销售部门既要负责赊账,也要负责账款的回收,而财务人员也要及时地向销售部门提供相关欠款资料和清单,通过相互配合,能够充分地将资金回笼,这是保障资金链完整的

第六章 可持续发展战略下中小企业的营运资金管理研究

重要内容。①

第二，要完善嘉奖制度。管理应收账款时，企业还需要将应收账款与销售部门人员销售业绩相挂钩，让他们能够认识到，只有做好应收账款管理，才能够促进企业发展，企业发展好，自身才能够有更好的发展平台。中小型企业相比于大规模企业，其资金实力以及管理水平较为薄弱，为了保障每一笔资金都能够用到实处，完善内部管理体系、加强各部门之间沟通是非常重要的，只有实现二者之间完整有效的对接，才能够避免应收账款管理工作流于形式等问题的出现。

企业在应收账款管理过程中应做到及时发现问题、及时解决问题，中小型企业在我国经济社会发展中占有着重要的地位，只有解决以往管理上的问题，才能够促进其更好地发展。而在应收账款管理时，管理人员需要采用科学的方法去解决实际问题，通过随时沟通，确保数据信息实时传递，既能够提高资金使用效率，保障应收账款管理有序开展，同时也能够为发展创造良好的条件。

总而言之，新时代背景之下，应收账款管理是影响企业发展的重要因素。所以，为了避免经济损失，中小型企业应保障账款有效回收。企业要增强人员应收账款管理意识，最重要的是要完善内部管理体系，加快各部门之间的沟通，通过相互协作，可以做到及时发现管理上的问题，及时采取对策解决问题。

【案例分析】

E公司是从事线下广告业务的广告公司之一，主要的经营业务是汽车展销，客户主要是汽车公司。E公司是广告行业的一家中小企业，其成立之初和大多数广告公司一样，靠小的订单一步步累积逐渐有了更多的业务额。在成功负责东风汽车的线下车展后，越来越多的大牌汽车公司如大众等有意向与其合作，要想和大众成功合作，公司要先投入几百万元进行汽车改装。但公司规模较小，资金不足，好不容易从银行取得的短期贷款有限，难以满足日常营运资金需要，再者广告公司竞争激烈，在目前的业务中，公司想要壮大就要扩大信用政策以提高销售，这就意味着会出现大量坏账。

在银行、商业信用中周转以获得营运资金成了E公司主要考虑的问

---

① 董捷.中小企业信用风险评价及其方法——基于应收账款融资模式的分析[J].江汉论坛，2022（03）：22-28.

题,E公司总经理明白,不能依靠拖欠供应商欠款来周转资金,真正的还是要靠良好的服务质量和客户建立紧密的合作关系,选取有信誉、有资金的大公司进行合作,以保证应收账款的收回,并为客户制定合适的信用政策,以获取更多的订单,保证公司的良好运营。其次,运用好银行借款,不仅仅要有短期借款,还要有长期贷款,在公司良好运营的前提下,银行的授信也是能改善营运资金状况的方法。最后,总经理觉得除了银行和商业信用外,公司还可以获取基金公司、财务公司等的贷款来充盈公司资金,帮助E公司更快更好地发展。

第四节 可持续发展战略下中小企业的存货管理研究

存货是指企业在生产经营过程中为生产投入或者销售而储存的物资,包括材料、在产品和产成品等。存货在大多数中小企业的流动资产中都占据很大比重,同时,存货又是一项变现能力比较差的流动资产。中小企业存货管理的目标就在于权衡各种存货成本和存货收益并使之达到最佳结合。

一、存货管理与中小企业可持续发展

在一般情况下,中小企业对外投资活动比较少,因此对一般产业而言,存货是中小企业主要的营业活动与获利来源,营业利润占税前利润的主要部分。有学者统计,一个制造企业的存货比例约占企业资产总额的15%以上,商业企业的存货比例要占资产总额的25%以上。因此,就其规模来看,存货的管理水平和效率将直接关系到企业的资金占用水平以及资产运作效率,并对中小企业的可持续发展产生重大影响。企业储存存货需要占用资金和成本的支出。一方面,存货的流量和存量特征将会直接影响到现金的流量和存量(或逆差或顺差),进而影响暂时闲置现金的管理和投资;另一方面,企业存货是企业生产经营活动顺利进行的前提条件,它的存量和流量与生产、销售等业务活动紧密相关。中小企业普遍受到资本限制,自由现金流量极少,而一个企业核心的发展能

第六章　可持续发展战略下中小企业的营运资金管理研究

力恰恰来自现金流,一旦资金周转不灵,往往直接威胁到企业的生存。可见,中小企业有效的存货管理对可持续发展具有相当重要的意义。

在不同的存货管理水平下,企业的平均资金占用水平差别是很大的。如果存货规划与管理不当,将使企业蒙受重大损失。存货过多,不但造成资金呆滞,且易导致存货过时、损坏、仓储成本增高;存货过少,则可能因缺货而丧失销货机会和延误生产。实施正确的存货管理方法,可以降低企业的平均资金占用水平,提高存货的流转速度和总资产周转率,并最终提高企业的经济效益。存货周转率是企业总资产周转速度的重要决定因素,也是现金周转的重要影响因素。

根据公式:

存货周转期=现金周期－应收账款周期＋应付账款周期

在应收账款周期和应付账款周期不变的情况下,存货周转速度和现金周转速度呈正相关性。加快存货的周转速度,可以提高现金的周转速度。同理,过多的存货储备,将占用企业过多的资金,降低企业的资金的周转率。虽然从表面看,存货管理同现金管理、信用管理等涉及现金流的直接管理不同,但是它们的本质都是管理企业的现金流。从价值链角度看,存货是企业物流的重要载体。有学者估计,企业物流成本占营销成本的50%,其中的存货费用大约能占35%,而物流成本又能占产品全部成本的30%～85%。因此,存货相关成本降低的潜力比其他任何环节都要大得多。与此同时,有效的存货管理对现金流的改善效果也将比价值链的其他环节要显著。

有效的存货管理除了对中小企业现金流的改善效果之外,还包括以下几个方面的良好效益。

（1）供应链的正常有序运转,既可以减少停工待料的发生,使生产工作顺畅,又可以及时满足顾客的产品需求,维持企业良好的市场形象。

（2）良好的存货管理还可以提高存货的控制效率,维护资产的安全,减少人为损失。

（3）良好的存货管理可以平稳企业的全年工作,避免员工旺季工作过度,淡季无事可做,增加人事的稳定性,提高员工的忠诚度。

总之,有效的存货管理是中小企业良好绩效的重要特质之一,是保证企业可持续发展的重要环节之一。

二、中小企业存货管理传统方法

人们认识到存货管理的重要性后,开发了一些存货管理模型与方法。这些模型从不同角度提出了各自的观点。概括地说,存货管理模型与方法可以分为两类:传统的存货管理模型与方法和现代的存货管理模型与方法。中小企业可选择的传统的存货管理模型与方法主要有:定额控制、归口分级管理、挂签控制、ABC分类控制法、经济批量模型等。传统的存货管理模型与方法的核心思想在于认可了存货库存的合理性,以及生产准备成本、订货成本、储存成本存在的合理性。这里分别对各种方法做一介绍。

(一)定额控制

定额控制是指通过确定生产经营过程中的存货资金的数量标准,然后据以对存货资金的占用和费用支出进行有效的控制。存货的定额作为一种数量标准,可以作为衡量存货占用资金使用效率的尺度,也可以作为企业衡量相关部门和人员管理绩效的指标之一。定额控制实施的效果,与定额自身的制定有较大关系,一个制定不合理的定额标准就无法起到衡量的作用。不过,定额控制的局限性也非常明显。在市场瞬息万变的情况下,所谓"计划不如变化快",事先的定额往往无法真正把握市场的变化,这个思路也与供应链管理的思想相违背,无法真正适应快节奏的市场变化。当然,对于业务量变动不大,采用这种低成本的容易操作的控制方法是比较合适的。正是这个原因,目前许多企业仍然采用这个方法来控制存货。

(二)归口分级管理

所谓归口分级管理制度,是指在总经理(厂长)和总会计师的领导下,以财务部门为核心,按照用、管、算相结合的原则,将存货的定额和计划指标,按各职能部门所涉及的业务归口,再按其对口分解、分级落实到车间、班组以及个人负责的管理制度。总体来说,这种分权管理的方法有利于调动各职能部门和员工管好用好存货的积极性和主动性,把

第六章　可持续发展战略下中小企业的营运资金管理研究

存货管理同生产经营管理结合起来。不过,该方法的局限性在于无法有效地让整个企业的存货水平降至最低。所谓的局部最优值不一定导致整体最优,即使各个部门的存货管理可以达到较高的水平,但各个部门的综合结果却不一定是高水平存货管理,其中最重要的是整合问题。归口分级管理若没有一个存货信息(采购、销售)的共享为前提,是无法让企业的整体存货水平达到最低的。

（三）挂签控制

挂签控制法是指对主要存货都悬挂一张记载永续盘存记录的标签,在标签上载明各种信息的卡片,其中包括存货的名称、编号、经济批量、订货点、收入、发出、结存等基本资料。这种方法简单易行,能随时观察存货的收支结存数量,能及时组织订货,有利于做好存货控制工作。但这种方法主要适用于收发存货不是很频繁的企业。

（四）ABC 分类控制

ABC 分类控制法是意大利经济学家帕累托于 19 世纪首先创立的,以后经不断完善和发展,现已广泛用于存货管理、成本管理和生产管理。通常按各种材料耗用的金额占材料消耗总额的比重,或各种产品计划成本占产品计划总成本的比重,并采用一定的标准,划分为 A、B、C 三类,其中 A 类最重要,其耗用总额最大,而且都是主要材料,A 类存货的品种、数量约占全部存货的 5%～10%,资金占金额的 70%～80%;B 类材料的品种、需用量、耗用总额、对生产的重要性均处于一般状态,B 类存货数量占全部存货的 20%～30%,资金占金额的 15%～20%;C 类材料品种多、需用量小,耗用总额较少,C 类存货的品种、数量占全部存货的 50%～70%,资金占金额的 5%～15%。通过 A、B、C 分析,对各类存货有区别地进行管理。从一些企业经验来看,对各类材料的管理,可分别采用如下方法(表 6-1)。

表 6-1 ABC 分类控制法

管理方法	A 类	B 类	C 类
控制程序	严格控制	一般控制	总额控制
制定定额方法	详细计算	根据过去的记录	低于总额订货
储备情况记录	详细记录	有记录	不作逐一记录
库存监督方法	经常检查	定期检查	较少检查
保险储备量	较少	较多	灵活

三、可持续发展战略下中小企业存货管理方法

中小企业管理者不仅要认识到存货管理对企业的重大意义,更需要将存货管理意识贯穿于企业管理,建立完善的存货管理制度,培养专业的存货管理人才,充分利用现代化管理工具提高存货管理和会计核算水平。目前,市场上主流的财务软件和供应链软件基本能满足中小企业对存货管理的需求,企业可根据自身实际经营情况,选择一套合适的软件用于企业管理。

(一)提高企业经营管理者对存货管理的重视程度

管理层要重视存货管理,将存货管理提升至企业经济考核指标的完成、工作的顺利开展、经费节约的高度,从单位主管领导到职能部门、管理人员都要形成存货管理的观念,将存货管理纳入企业管理层的议事日程,重视对存货的控制、分析和管理。同时,要强调全员参与存货管理,将存货管理的理念灌输给每一名员工,使全体员工树立"实物与价值管理并重""形式与效果相统一""保证重点,兼顾一般"的观念,使企业的采购、仓库、财务、生产、销售等各个部门均参与存货管理,共享存货管理的相关信息,通过整合企业的内部资源来提高存货管理的工作效率。

(二)完善存货管理制度,培养专业的存货管理人才

中小企业应在采购、库房、生产、销售等不同环节设立合理的授权审

第六章 可持续发展战略下中小企业的营运资金管理研究

批制度，避免授权审批流程冗杂而导致效率低下。同时，中小企业应建立存货业务的岗位责任制度，明确相关部门和岗位的职责权限，保证存货不相容岗位相互分离、相互制约。中小企业的发展离不开人才，故要加强对现代化库房管理人员的培养，不同类型企业的存货管理有不同的要求和方法，要根据企业所处的行业性质进行专门的存货管理，比如生物资产、数据资产的管理有其独特的地方，要根据企业性质进行存货管理。

同时，建立存货考核制度与盘点制度。中小企业应根据实际经营情况制定存货周转比率、进销存比率等一系列指标，通过指标考核机制倒逼管理者、员工增强降本增效意识。财务部门作为核算单位，需落实存货跟踪和盘点制度，针对账实不一致问题，要及时查找原因，并采取相应的解决措施。加强对相关指标的跟踪、落实与分解，建立科学、合理的存货管理体系。

（三）充分利用信息化制度建立库房管理体系

中小企业应根据自身经营状况选择满足经营需求的供应链软件，通过信息化工具，高效满足企业发展需要。针对库房存货摆放，中小企业应根据区位、位号等进行管理。例如，按照存货性质进行分类，每一类存货放置于对应的库区与位号，同一类型的存货摆放在一起，库区与位号必须在现场明确列示，便于物料领用人员快速找到存放位置，找到所需物料。同时，每一个具体的存货要设置物料编码，并且与存货软件的信息保持一致，使库房管理人员可以通过存货管理系统与现场信息锁定存货对应位置，快速完成物料入库、出库、盘点等工作，提高存货管理工作效率。

（四）加强对入库、出库等验收环节的控制

产品入库环节是存货管理的基础，中小企业要严格把控产品入库的数量与质量，计量单位保持相同口径，由专门的度量衡计量；核对送货单位的信息，如果存在差异，应及时向上级主管单位反映，报部门领导审批。在质量验收方面，由专业人员或使用部门验收，对价值较高的存货，出具验收报告后方可入库，不符合质量要求的存货坚决不允许入库，及时上报部门领导审批。存货入库后中小企业库房人员要及时填写入库单，入库时需要将存货的供货单位、数量、规格型号、位号区号细化至最小维度，物品摆放要整齐，保持干净、有序的状态，便于后期准确、便捷地领用物料。材料领用出库时，必须具备相应的授权审批单据，无授权审批单据不得领用物料。物料出库后要及时填写出库单据，认真核实领料单的信息，包括领用部门、数量、规格型号，领料单与出库单内容保持一致，避免出现账实不一致状况，并快速将相关单据传递至下一个部门。

第七章 可持续发展战略下中小企业的利润分配管理

企业的经营情况可以通过利润表来体现,在利润表中可以看到企业的实际发展情况。对于企业来说,利润是非常重要的,企业若想长久地发展就要有利润的累积。企业在盈利之后要进行利润分配,如果分配不合理,就会产生诸多问题,如引起股东不满、打击员工积极性、危害企业的长期发展等。在进行利润分配的时候,企业需要考虑很多因素,要在过程中尽量保证利润分配的科学合理性。

第一节 可持续发展与中小企业利润分配管理目标

一、利润分配的顺序

利润分配的顺序根据《公司法》规定:先计算可供分配的利润,然后依次计提法定盈余公积金、计提公益金、计提任意盈余公积金、向股东支付股利。法定公积金的提取比例为当年税后利润(弥补亏损后)的10%。当年法定公积金的累计额已达注册资本的50%时,可以不再提取。法定公积金提取后,可用于弥补亏损或转增资本,企业用法定公积金转增资本后,法定公积金的余额不得低于转增前公司注册资本的25%。按企业财务通则规定,企业发生的年度亏损,可以用下一年度的税前利润弥补。税后利润的分配顺序如图7-1所示。

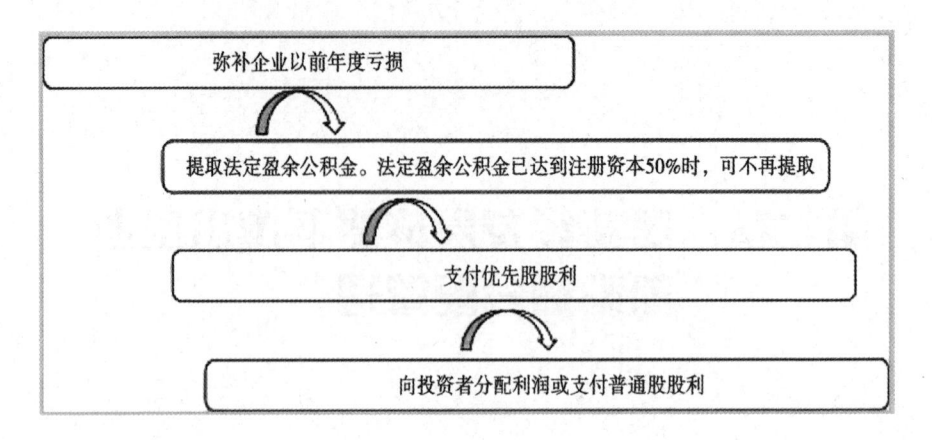

```
┌─────────────────────────────────────┐
│      弥补企业以前年度亏损           │
└─────────────────────────────────────┘
              ↓
┌─────────────────────────────────────┐
│ 提取法定盈余公积金。法定盈余公积金已达到注册资本50%时，可不再提取 │
└─────────────────────────────────────┘
              ↓
┌─────────────────────────────────────┐
│          支付优先股股利             │
└─────────────────────────────────────┘
              ↓
┌─────────────────────────────────────┐
│   向投资者分配利润或支付普通股股利  │
└─────────────────────────────────────┘
```

图 7-1　税后利润的分配顺序

二、股利支付的形式和程序

（一）股利支付的形式

股利支付是指公司制企业税后利润在弥补亏损、提取公积金后，可以向股东分派股利，它是企业利润分配的一部分。股利的分配应以各股东持有股份的数额为依据，每一股东取得的股利与其持有的股份数成正比。公司发放股利的形式一般有现金股利、财产股利、负债股利和股票股利，相关内容如表 7-1 所示。

表 7-1　股利支付形式

股利形式	说明
现金股利	现金股利是以现金支付的股利，它是股利支付的主要方式
财产股利	是以现金以外的资产支付的股利，主要是以本公司持有的其他公司的有价证券或政府公债等证券作为股利发放
负债股利	负债股利是公司以负债支付的股利，通常以公司的应付票据支付给股东，不得已情况下也有发行公司债券抵付股利的
股票股利	公司以增发股票的方式所支付的股利，我国实务中通常也称其为"红股"

我国股份有限公司只能采用现金股利和股票股利两种形式。股份有限公司是我们的主要研究对象，故而本书主要讨论现金股利和股票股

利这两种形式。

现金股利：公司支付现金股利除了要有累计盈余外，还要有足够的现金。

股票股利：由于"股本"增加数等于"未分配利润"减少数。因此，我国发放股票股利只影响股本和未分配利润。股票股利分配对公司各项目的影响如表7-2所示。

表7-2 股票股利分配的影响

项目	具体影响内容
有影响的项目	所有者权益的结构变化，股数增加，每股收益下降，每股市价可能下降
无影响的项目	面值不变，资产总额、负债总额、所有者权益总额不变，股份比例不变

（二）发放现金股利和股票股利的优点

发放现金股利的优点如表7-3所示。

表7-3 发放现金股利的优点

分析角度	优点
股东角度	大多数投资者都喜欢现金分红，因为是到手的利润。企业发放现金股利，可以刺激投资者的信心。现金股利侧重于反映近期利益，对于看重近期利益的股东很有吸引力
公司角度	（1）可以改善公司长短期资本结构 （2）增强公司股东的投资能力

发放股票股利的优点如表7-4所示。

表7-4 发放股票股利的优点

分析角度	优点
股东角度	（1）有时股价并不成比例下降，可使股票价值相对上升 （2）由于股利收入和资本利得税率的差异，如果股东把股票股利出售，还会给他带来资本利得纳税上的好处
公司角度	（1）不需要向股东支付现金，在投资机会较多的情况下，公司就可以为再投资提供成本较低的资金，从而有利于公司的发展 （2）可以降低公司股票的市场价格，既有利于促进股票的交易和流通，又有利于吸引更多的投资者成为公司股东，进而使股权更为分散，有效地防止公司被恶意控制 （3）可以传递公司未来发展良好的信息，从而增强投资者的信心，在一定程度上稳定股票价格

（三）股利支付的程序

股份公司分配股利必须遵循法定的程序，先由董事会提出股利分配预案，提交股东大会决议通过后才能进行分配。预案通过后，要向股东宣布发放股利的方案，并确定股权登记日、除息日和股利发放日，如表7-5 所示。

表 7-5　股利支付程序

日程	说明
预案公布日	公司董事会将分红预案予以公布的日期
股利宣告日	分红预案经股东大会决议通过并由董事会将股利支付情况予以公告的日期。公告中将宣布每股应支付的股利、股权登记日、除息日及股利支付日
股权登记日	有权领取本期股利的股东资格登记截止日期。在此指定日期收盘之前取得公司股票，成为公司在册股东的投资者都可以作为股东享受公司本期分派的股利
除息日	指领取股利的权利与股票分离的日期（除息日的股票失去了"收息"的权利，价格会下跌）
股利发放日	向股东发放股利的日期

三、可持续发展战略下中小企业的利润分配

（一）确保现金流管理与经营管理策略保持高度一致性

中小企业改革与优化利润分配政策的过程中，需紧密围绕经营管理策略，对目前现金管理问题进行不断审视与处理，确保其能与企业的经营战略管理保持高度的契合性与一致性。从长远发展角度出发，中小企业管理层与决策层都试图在有效控制经营风险的基础上，能够确保其获得更大利润空间。通过投资与管理项目，期望企业经济不断增长，以此确保股东、员工等能够分配更多的利润。由此，中小企业在制定财务预算方案、企业发展战略的过程中，需动态分析与观察经营风险要素。结合市场实际情况，对企业现金管理方案等进行互逆性调整。中小企

业在处理资本结构问题的过程中,应正确处理经营策略与负债率间的关系,以及分配关系。例如,当市场中出现较多不稳定因素、不可预见风险的过程中,中小企业需认识到自身要面临较大的经济风险、法律风险等。

(二)注重加强中小企业税前利润分配的税务筹划力度

企业在实际落实利润分配工作内容的过程中,需阶段性地对利润总额进行科学核算。严格遵循我国税收政策与内部利润分配机制制度,能够对相应的企业亏损问题进行有效处理。通过科学的税务筹划,有序地、合理地对利润进行分配。在整个过程中,相关人员需了解到税后利润金额大小会在一定程度上影响企业的可持续发展与健康经营。税后利润金额关系着中小企业的效益提升空间,并对自身价值最大化实现产生影响。进而,中小企业在特定的营商环境下,需对税前利润实行科学的税务筹划,由此确保中小企业能够获得更多的税后利润。而在实际进行税务筹划的过程中,相关人员需对所得税的优惠力度等进行全面考量。

第二节　可持续发展战略下中小企业公积金的积累

一、公积金的特征

公积金从公司的现有资金中提留,以备将来之用,因而又被称作储备金或准备金。公积金分为盈余公积金和资本公积金:前者提取于公司税后利润,后者提取于依法应当归入公积金的公司收入。

公积金作为储备资金,对公司的生存和发展意义重大。一方面,公积金具有弥补将来亏损的功能,起到维护公司信用和抵御经营风险的作用,也有助于公司在保持生产经营相对稳定的情况下调整经营政策,尽快扭亏为盈。另一方面,公司必须具备自我积累、自我发展的能力,否则,就会损害自身的竞争力。此外,由于公司与股东在近期与长远利益上可能出现冲突,法律有必要对公司的自我积累作出强制性规定,防止股东因追求股利分配最大化而损害公司的长远发展和公司债权人的利益。

二、公积金的种类

以公积金的来源为标准,公积金可以分为盈余公积金和资本公积金。

(一)盈余公积金

盈余公积金是从公司盈余中提取的累积资金。根据提取方式的不同,盈余公积金又区分为法定盈余公积金和任意盈余公积金。

法定盈余公积金是基于法律规定而强行提取的公积金。《公司法》第166条第1款规定:"公司分配当年税后利润时,应当提取利润的百分之十列入公司法定公积金。公司法定公积金累计额为公司注册资本的百分之五十以上的,可以不再提取。"

任意盈余公积金是公司根据公司章程规定或者股东(大)会决议而特别储备的公积金。《公司法》第166条第3款规定:"公司从税后利润中提取法定公积金后,经股东会或者股东大会决议,还可以从税后利润中提取任意公积金。"任意公积金提取与否,由公司自治,但一经确定,除非变更公司章程或股东(大)会决议,不得随意改变。

(二)资本公积金

资本公积金是指依照法律规定将特定的公司收入项目列入资本公积金账户的积累资金。与盈余公积金的最大区别是:资本公积金的来源与公司盈余无关,只要公司收入中出现法定的项目,就应提取。在此意义上,资本公积金具有"法定性"。

《公司法》第167条规定:"股份有限公司以超过股票票面金额的发行价格发行股份所得的溢价款,以及国务院财政部门规定列入资本公积金的其他收入,应当列为公司资本公积金。"据此,资本公积金来源于两个方面:股份有限公司溢价发行股份所得的溢价款、国务院财政部门规定的其他收入。此处的"其他收入"主要包括:有限责任公司股东的出资溢价、处置公司资产所得、资产重估增值、接受捐赠、股份有限公司发行新股时冻结申购资金期间的利息、投资准备等。

三、公积金的使用

公积金既然为特定目的而提留,自应遵循专款专用原则,否则,既有违初衷,还可能损害债权人的利益。另外,公积金作为股东权益的一部分,其使用应符合全体股东的利益。在公司实务中,公司章程一般都要对公积金的使用范围有所限制。《公司法》第168条第1款规定:"公司的公积金用于弥补公司的亏损、扩大公司生产经营或者转为增加公司资本。但是,资本公积金不得用于弥补公司的亏损。"

(一)弥补亏损

弥补亏损是盈余公积金使用的第一要务。公司出现亏损时,如果不首先弥补亏损,公积金就不能他用。《公司法》第166条第2款规定:"公司的法定公积金不足以弥补以前年度亏损的,在依照前款规定提取法定公积金之前,应当先用当年利润弥补亏损。"即应首先用法定盈余公积金弥补亏损;不足以弥补的,用公司当年利润弥补;仍不足以弥补的,用任意盈余公积金弥补。

资本公积金不得用于弥补亏损。资本公积金的目的是增加公司的资产,故其作用与盈余公积金不同。为避免公司资产的流失以及管理层通过弥补亏损的方式减少公司的资产,从而损害公司股东和债权人利益,禁止用资本公积金弥补亏损。

(二)扩大公司生产经营

公司需要增加资金以扩大生产经营规模的,除了通过借贷、发行新股与债券等途径募集资金外,用公积金追加投资也是重要途径。

(三)转增资本

公积金累积到一定程度,公司可以通过增资程序将其转化为资本,不仅公司股东乐于接受,而且程序简便、成本较低。各国公司法普遍规定公积金可转为公司资本,我国亦然。《公司法》第168条第2款规定,公司可将公积金用于转增公司资本,但"法定公积金转为资本时,所留存的该项公积金不得少于转增前公司注册资本的百分之二十五"。

四、可持续发展战略下公积金增减的账务处理

股份制企业中公积金属于一种股东权益,反映着股东对股份制企业净资产的一种权利。公积金分为资本公积金和盈余公积金,资本公积金来源于原始投资,盈余公积金来源于企业留成收益。公积金科目是股份制企业会计核算中一个特别重要的科目,原来的企业会计制度中不设置这个科目。

(一)弥补前期亏损

企业前期亏损可以用三种方式弥补。
第一,按规定用以后年度税前利润弥补,按以后实现的年度利润总额,借记科目"本年利润"贷记科目"利润分配—未分配利润"。
第二,当年利润无法弥补之前阶段的亏损额,转入后借方账户余额还是"未分配利润",则应该结转下年继续弥补。
第三,"未分配利润"在本年利润转入,则说明在转入前应该先计算应交所得税,再由税前利润减去亏损额,然后再将本年利润分配弥补前期亏损。
第四,还有剩余利润时,再按照提取公积金,任意公积金和股东持股比例进行分配。按照规定需要用税后利润补齐公司亏损时,应该先补齐亏损计税,后进行分配,并且在计税时不能扣除在税前弥补的亏损。

(二)会计处理公积金结余或透支

据财政部文件规定,公司停止实行公积金制度后,企业要对之前的公积金进行结余清算,转作公积金盈余使用。当公积金余额出现透支时,分别用盈余公积金、资本公积金,以及未分配剩余利润进行弥补,如果弥补不足,转用以后年度的税后利润弥补。具体操作如下。

第一,公积金有结余时,按结余金额,借记科目"盈余公积—法定公积金",贷记科目"盈余公积—任意盈余公积"。

第二,公积金透支时,依次借记科目"盈余公积""资本公积""利润分配—未分配利润"。

第三,如果是用以前年度未分配利润弥补赤字的,还需要把本年负债表的年初数调整为上年数。

第三节　可持续发展战略下中小企业的股利分配

一、股利分配理论

目前主流学者有两种相关理论,一种是股利无关论,另一种是股利相关论。两种理论都有一定的道理。

(一)股利无关论

这是莫迪格利安尼和米勒(即 MM)两位学者的观点。他们认为,在公司投资政策既定的情况下,无论公司经理提高或降低现期股利,都不会影响公司的现行价值和股东财富,因为公司价值是由其资产的获利能力即投资决策所决定的,而盈利在股利和留存收益之间的分割方式并不影响这一价值。

(二)股利相关论

经典的股利相关论内容如表 7-6 所示。

表 7-6　股利相关论内容

理论	内容
"手中鸟"理论	公司的股利政策与公司的股票价格是密切相关的,即当公司支付较高的股利时,公司的股票价格会随之上升,公司的价值将得到提高

续表

理论	内容
信号传递	在信息不对称的情况下,公司可以通过股利政策向市场传递有关公司未来获利能力的信息,从而影响公司的股价。一般来讲,预期未来获利能力强的公司,往往愿意通过相对较高的股利支付水平,把自己同预期盈利能力差的公司区别开来,以吸引更多的投资者
所得税差异理论	由于普遍存在的税率以及纳税时间的差异,资本利得收入比股利收入更有助于实现收益最大化目标,公司应当采用低股利政策
代理理论	股利的支付能够有效地降低代理成本。高水平的股利政策降低了企业的代理成本,但同时增加了外部融资成本,理想的股利政策应当使两种成本之和最小

二、股利政策

股利政策通过传递公司相关信息而成为缓解上市公司经营者与外界信息不对称的重要工具,被上市公司广泛使用。在我国由于证券市场不太成熟,股利分配的积极性不高,证券监督管理委员会自 2004 年以来,陆续颁布政策,将再融资与股利分配相挂钩,同时配合其他方面措施,来提升上市公司的股东回报率。但中小企业存在规模较小、上市时间较短、资金需求较大的特点,中小企业上市公司的高额现金股利分配究竟是盈利状况良好所致,还是再融资的要求所逼,还有待讨论。

（一）剩余股利政策

剩余股利政策是优先留存收益,保证再投资的需要,有助于降低再投资的资金成本,保持最佳的资本结构,实现企业价值的长期最大化。剩余股利政策一般适用于公司初创阶段。详细内容如表 7-7 所示。

表 7-7 剩余股利政策相关内容

项目	说明
内容	剩余股利政策是指公司在有良好的投资机会时,根据目标资本结构,测算出投资所需的权益资本额,先从盈余中留用,然后将剩余的盈余作为股利来分配

续表

项目	说明
理论依据	MM股利无关理论
优点	留存收益优先保证再投资的需要,有助于降低再投资的资金成本,保持最佳的资本结构,实现企业价值的长期最大化
缺点	股利发放额每年随投资机会和盈利水平的波动而波动,不利于投资者安排收入与支出,也不利于公司树立良好的形象
适用范围	一般适用于公司初创阶段

(二)固定或稳定增长的股利政策

固定或稳定增长的股利政策向市场传递公司正常发展的信息,有利于树立公司良好的形象,增强投资者对公司的信心,稳定股票的价格,具体如表7-8所示。

表7-8 稳定增长的股利政策

项目	说明
理论依据	股利相关理论
优点	(1)有利于树立公司的良好形象,增强投资者对公司的信心,稳定公司股票价格 (2)有利于投资者安排收入与支出
缺点	(1)股利的支付与企业的盈利相脱节,可能导致企业资金紧缺,财务状况恶化 (2)在企业无利可分的情况下,若依然实施固定或稳定增长的股利政策,也是违反《公司法》的行为
适用范围	通常适用于经营比较稳定或正处于成长期的企业,且很难被长期采用

(三)固定股利支付率政策

固定股利支付率政策是指公司将每年净利润的某一固定百分比作为股利分派给股东。这一百分比通常称为股利支付率。采用固定股利支付率政策,股利与公司盈余紧密地配合,体现了"多盈多分、少盈少分、无盈不分"的股利分配原则。固定股利支付率政策的详细内容如表7-9所示。

表 7-9　固定股利支付率政策

项目	说明
理论依据	股利相关理论
优点	（1）股利的支付与公司盈余紧密配合 （2）公司每年按固定的比例从税后利润中支付现金股利，从企业支付能力的角度看，这是一种稳定的股利政策
缺点	（1）由收益不稳导致股利的波动所传递的信息，容易成为公司的不利因素 （2）容易使公司面临较大的财务压力 （3）合适的固定股利支付率难定
适用范围	适用于稳定发展并且财务状况也比较稳定的公司

（四）低正常股利加额外股利政策

低正常股利加额外股利政策指公司事先设定一个较低的正常股利额，每年除了按正常股利额向股东发放股利外，还在公司盈余较多、资金较为充裕的年度向股东发放额外股利。

比如，A 公司是一家药企公司，从规模上来看，A 公司属于中小企业公司，主要从事药品的开发与生产。公司前十大投资者中有 4 位都是机构投资者，公司在成立初期，推出过每 10 股转增 5 股、每 10 股派现 2 元的分配方案，高转增、高派现的股利分配政策和公司所处阶段和股权结构是有密切关系的。公司属中小企业，在成立初期，更加偏向高转增、高派现的股利分配政策，想向市场传达出一种公司发展好，具有巨大发展前景的信号，在公司的前十大投资者中有 4 位是投资机构，公司想传递出稳定的股利政策。而且，送股与转增最大的优点是不会导致企业资金流出，这对处于成长期资金需求巨大的中小企业而言是很有利的。

从 A 公司长期的股利分配政策来看，公司的股利支付率波动较大，缺乏连续性，对中小企业而言，业务的发展具有不稳定性，因此利润波动较大，而股利分配和利润有一定的关系，故而 A 公司的股利支付率并不稳定。

第七章 可持续发展战略下中小企业的利润分配管理

三、可持续发展战略下我国中小企业利润分配及税务筹划

（一）中小企业股利分配的对策

首先，对相关政策的完善。我国的政府和相关监管部门需要根据市场中出现的问题来不断完善相关的法律法规，制定具有特色的制度，建立有效的监管机制，正确引导股利分配行为。具体可以对股利税收和发放两个方面进行相应改变，如立法部门要尽量完善个人所得税征收规定，避免现有的征税不公平问题。也可以根据不同的企业、不同的行业来分别规定股利的发放要求，由于中小企业在我国的上市时间短、规模小、融资难、发展较快对资金的需求高等特点，可以对其上市要求和标准做出相应调整。

其次，公司可以优化股权结构、规范股利发放的制度。一定的股权集中度可以激励大股东收集信息并有效监督管理层，从而避免由于股权分散造成的搭便车和信息不对称问题，并且股利的发放会减少公司的流动资金，但中小企业又处于高速成长阶段需要足够的资金来促进发展，更增加了中小企业的财务风险与压力，所以中小企业应调整有效的股本结构和制定合适的股利发放制度。

最后，提高我国证券市场上投资者的素质，尽量消除其投机心理。投资者作为证券市场上有效的外部监督者，要培养其具有长远目标、建立正确的投资理念，让其真正地关注公司的经营业绩和发展前景，理性分析股利政策传递的信息，为以后的投资决策提供依据。另外，也可以适当增加专门进行投资的投资机构。

（二）中小企业利润分配活动的税务筹划原则

1. 中小企业税务筹划存在的问题

第一，部分企业对税务筹划的理解存在偏差。近年来，税务筹划理论得到了良好的普及和发展，很多大型企业对税务筹划工作高度重视，

为企业带来一定的效益。但是,很多中小企业对税务筹划的理解却较为粗浅,企业管理者缺乏税务筹划意识,甚至还会出现偷税漏税的行为,严重影响企业的发展。

第二,企业内部环境存在制约。完善内部控制环境与内部控制机制,能够促使税务筹划工作有力开展。但是,大部分中小企业没有健全的管理体系,也没有形成规范化的章程制度。加上很多中小企业没有单独设置税务筹划部门,甚至还通过代理记账等方式来进行财务管理,导致难以实现有效的税务管理。此外,企业的工作人员专业水平参差不齐,税务筹划作为一项专业性工作,不仅要求企业配有相关的税务筹划人员,还要求相关工作人员具备丰富的经验和税务筹划技能。但是,中小企业普遍存在财务人员流动性大的问题,导致中小企业面临着人才素养不足的问题。

第三,中小企业自身发展情况制约了税务筹划工作的开展。部分中小企业在发展过程中会面临较多的困难,如自身资金不足等,企业往往将生存放在首位,在经营过程中刻意削减成本,将大量的资金投放在生产、销售等环节,没有对税务筹划工作投入足够的资源,导致企业无法享受到税务筹划所带来的效益。

第四,中小企业税企沟通不足。大部分中小企业没有和税务机关进行及时有效的沟通,中小企业在生产经营过程中往往只是被动地应对税务机关的检查,而不会主动征询税务机关的意见,改善自身的经营模式,从而使中小企业的税务风险较高。

2. 中小企业利润分配税务筹划策略

第一,合理将经营所得向资本利得转化。中小企业经营所得需要缴纳个人所得税,而个人投资者出售股票及公积金转赠股东所得等资本利得免征个人所得税。因此,对于股份制企业而言,股份制企业可以用剩余利润的一部分继续增加投资,在此情况下不增发股票,原本股票的整体价值会增加,从而使投资者获得更多的收益。

第二,充分利用所得税补亏政策降低所得税。企业所得税法实施条例中规定,企业在纳税年度发生亏损的可以进行弥补,弥补期限不得超过5年。因此,企业要充分通过资产计价、折旧、摊销等方式使税前扣除数额提高,若企业亏损则在未来5年内实现补亏即可。由此可以改造企业前期亏损的现象,并充分利用政策实现补亏优惠,以减少应纳税所得额。

参考文献

[1] 陈虎,孙彦丛,赵旖旎,郭奕,白月.财务机器人[M].北京:中国财政经济出版社,2019.

[2] 成静.中小企业财务会计准则解析与管理实务[M].西安:西北工业大学出版社,2021.

[3] 程平.RPA财务机器人开发教程[M].北京:电子工业出版社,2019.

[4] 李霞.中小企业财务管理与资本运营研究[M].长春:吉林出版集团股份有限公司,2021.

[5] 刘东辉,刘龙峰,张国君.财务共享向中小企业推广应用研究[M].北京:中国纺织出版社,2021.

[6] 杨林霞,刘晓晖.中小企业财务管理创新研究与改革[M].长春:吉林人民出版社,2019.

[7] 张晶.创新驱动背景下科技型中小企业财务风险识别与评价研究[M].北京:经济管理出版社,2020.

[8] 张顺华.中小企业财务管理问题研究[M].长春:吉林出版集团股份有限公司,2020.

[9] 李韵贤.业财融合视角下中小企业财务共享中心评价优化研究——以K公司为例[D].北京:北京化工大学,2022.

[10] 王源.企业财务竞争力的评价研究——以华谊兄弟公司为例[D].长春:吉林财经大学,2020.

[11] 徐小波.C银行面向中小企业应收账款的融资业务问题研究[D].南昌:江西财经大学,2021.

[12] 杨丽君.基于因子分析法的汽车行业财务竞争力研究[D].北京:中国地质大学,2017.

[13] 白世贞，郑敏，魏胜.我国中小企业成本、市场和制度障碍实证研究[J].中国软科学，2023（02）：11.

[14] 贾利军，郝启晨.发展完善直接融资体系破解创新型中小企业融资难题[J].政治经济学评论，2023，14（01）：17.

[15] 刘桂荣.供应链金融：应收账款融资逆向选择的解决方案[J].上海经济研究，2012，24（10）：59-64.

[16] 刘天卓，王一帆，杨锋，等.银行融资下中小企业保险购买决策研究[J].运筹与管理，2023，32（02）：7.

[17] 刘兆莹，戴志远，赵晓玲，等.基于应收账款证券化的中小企业供应链融资[J].农村金融研究，2017（10）：4.

[18] 卢强，刘贝妮，宋华.协同创新对中小企业供应链融资绩效的影响——信号理论视角[J].研究与发展管理，2021，33（06）：13.

[19] 吕静，卜庆军，汪少华.中小企业协同创新及模型分析[J].科技进步与对策，2011，28（03）：5.

[20] 马述忠，潘钢健.跨境电子商务平台与中小企业核心竞争力——基于阿里巴巴国际站的案例研究[J].湖北大学学报（哲学社会科学版），2021，48（06）：14.

[21] 潘剑,宋钊如.基于财务共享模式的基层企业财务管理优化[J].企业管理，2021（S01）：240-241.

[22] 钱锡红，徐万里，杨永福.基于战略联盟的科技型中小企业成长研究——以诺信公司为例[J].软科学，2010，24（05）：87-89，94.

[23] 苏洁澈，次多.我国中小企业简易清算程序完善研究[J].东南学术，2023（02）：9.

[24] 许静.中小企业品牌价值评价标准体系研究[J].中国软科学，2019（S01）：14.

[25] 于胜，赵凤霞，刘德刚,等.区块链+供应链金融背景下中小企业融资研究——评《中小企业融资问题研究》[J].科技管理研究，2022，42（22）：1.

[26] 张博，尹相荣.创新性货币政策工具实施效果评估研究——基于我国中小企业动态随机一般均衡模型的分析[J].价格理论与实践，2022（04）：6.

[27] 张兰花.资源型省份融资特征对科技型中小企业成长的影响研究——以山西省为例[J].城市问题，2022（12）：8.

[28] 周晓东. 浅谈中小企业融资难的成因及对策 [J]. 中国财政，2019（06）: 2.

[29] 包刚. 新形势下农村中小企业财务管理问题及规范性发展探索 [J]. 农业经济，2020（08）: 123-124.

[30] 程昔武,程静静,纪纲. 信贷资源配置、财务风险与企业营运能力 [J]. 北京工商大学学报(社会科学版),2021,36（03）: 66-78.